D1878024

सादिक़

बहुआयामी प्रतिभा के धनी सादिक़ हिन्दी और उर्दू के सुप्रसिद्ध लेखक और चित्रकार हैं। उनका जन्म सन् 1943 में उज्जैन में हुआ था। सादिक़ ने विक्रम विश्वविद्यालय से बी.ए. करने के बाद मराठवाड़ा यूनिवर्सिटी, औरंगाबाद से एम.ए. और पी-एच.डी. की उपाधियाँ प्राप्त की हैं। छह वर्षों तक महाराष्ट्र के एक डिग्री कॉलेज में अध्यापन करने के बाद यूपीएससी से सेलेक्ट होकर शिक्षा मंत्रालय के 'तरक़्क़ी-ए-उर्दू बोर्ड' में कार्य करते रहे। 1981 में दिल्ली यूनिवर्सिटी के उर्दू विभाग में आए, जहाँ से 2008 में विभागाध्यक्ष के पद से सेवानिवृत्त हुए। सादिक़ ने कई साहित्यिक विधाओं में यादगार रचनाएँ लिखी हैं, जिनमें नज़्में, ग़ज़लें, कविताएँ, लम्बी कविताएँ, गीत, पैरोडी, कहानियाँ, समीक्षाएँ, आलोचना, शोध, और नाटक इत्यादि शामिल हैं। अमीर खुसरो और ग़ालिब पर उन्हें 'विशेषज्ञ' का दर्ज़ा हासिल है। बनारस पर ग़ालिब की अप्रतिम मसनवी 'चिराग़-ए-दैर' का हिन्दी में अनुवाद उनका ख़ास कारनामा है, जिसके अंग्रेज़ी और मराठी अनुवाद भी प्रकाशित हो चुके हैं। सादिक़ को सूफ़ीवाद से ख़ास लगाव रहा है। इस विषय पर देश के विभिन्न शहरों के अलावा, शिकागो, न्यूयॉर्क, ओरलेंडो, लंदन, लाहौर, कराची तथा भूटान में उनके यादगार लेक्चर हो चुके हैं।

फ़िलहाल स्वतंत्र लेखन कर रहे हैं।

सम्पर्क : profsadique@gmail.com

नाटक फ़रेब-ए-हस्ती

सादिक़

लोकभारती पेपरबैक्स

लोकभारती पेपरबैक्स में
पहला संस्करण : 2022
दूसरा संस्करण : 2025

लोकभारती पेपरबैक्स : उत्कृष्ट साहित्य के लोकप्रिय संस्करण

लोकभारती प्रकाशन
पहली मंजिल, दरबारी बिल्डिंग, महात्मा गांधी मार्ग,
प्रयागराज-211 001
द्वारा प्रकाशित

शाखाएँ : 1-बी, नेताजी सुभाष मार्ग, दरियागंज, नई दिल्ली-110 002
अशोक राजपथ, साइंस कॉलेज के सामने, पटना-800 006
1, अनमोल सोराबजी सन्तुक लेन, धोबी तलाव, मरीन लाइंस, मुम्बई-400 002
वेबसाइट : www.lokbhartiprakashan.com
ईमेल : info@lokbhartiprakashan.com

बीके ऑफसेट
नवीन शाहदरा, दिल्ली-110 032
द्वारा मुद्रित

मूल्य : ₹199

NATAK FAREB-E-HASTI
Play by Sadique

ISBN : 978-93-93603-66-1

प्रस्तावना

वर्षों पहले एक लतीफ़ा सुना था। एक बार चन्द मार्क्सवादियों के बीच किसी ने यह सवाल उठाया कि कार्ल मार्क्स आत्मा के अस्तित्व को मानते थे या नहीं? बड़ी देर तक बहस होती रही, लेकिन कोई नतीजा नहीं निकला। कुछ लोगों ने कहा कि वह आत्मा के अस्तित्व को मानते थे। कुछ ने कहा कि नहीं मानते थे। आख़िर यह तय पाया कि प्लांचेट द्वारा मार्क्स की आत्मा को बुलाकर उसी से यह सवाल पूछा जाए।

लिहाज़ा, मार्क्स की आत्मा को बुलाया गया। आने पर उससे सवाल किया गया कि आप आत्मा के अस्तित्व को मानते हैं या नहीं?...यह सुनकर मार्क्स की आत्मा ने बुरा-सा मुँह बनाकर जवाब दिया, "नहीं..." और फिर वह चली गई।

ज़हन के किसी गोशे में पड़ा हुआ यह लतीफ़ा प्रस्तुत नाटक का आधार-बिन्दु बन गया। फिर मिर्ज़ा ग़ालिब इक्कीसवीं सदी के नए हालात और माहौल के साथ चलते रहे। मैं अपना क़लम और काग़ज़ लिये एक वाक़ीआ-निगार की हैसियत से वाकियात लिखता रहा।

'इस शक्ल से गुज़री ग़ालिब' के बाद मेरा लिखा यह दूसरा नाटक है। पहला नाटक 'त्रासदी' था और प्रस्तुत 'कॉमेडी' है। वह उर्दू में लिखा गया था। उसे लिखने के दौरान बार-बार

ख़याल आ रहा था कि सरल भाषा में लिखूँ, लेकिन यही मेरी मुश्किल थी। उन्नीसवीं सदी की बोलचाल की भाषा और ग़ालिब के संवाद इक्कीसवीं सदी की भाषा में कैसे लिखता? दूसरी मुश्किल नाटक के मंचन के वक्त पेश आई। अधिकतर अदाकार संवादों के उच्चारण में ग़लतियाँ कर रहे थे। उर्दू से अनभिज्ञ होने की वजह से 'मिर्ज़ा' को मिरजा और 'ग़ालिब' को गालिब बना दे रहे थे। इसलिए दूसरा नाटक मैंने हिन्दी में आम बोलचाल की भाषा में लिखा है। इसमें उर्दू, हिन्दी और अंग्रेज़ी के शब्द इस्तेमाल किए गए हैं। मैंने बस ग़ालिब के संवाद लिखते हुए कुछ एहतियात बरती है।

ग़ालिब के अशआर को अहल-ए-मुल्क ने अपने दिल-ओ-दिमाग़ में जगह दी है। इस बात से तो सभी वाक़िफ़ हैं। लेकिन यह नाटक लिखते हुए मुझ पर यह हक़ीक़त खुली कि विश्व साहित्य में अपनी ख़ास जगह बनाने वाले इस अज़ीम शायर के नाम पर हमारे मुल्क में कहीं भी कोई केन्द्र या राज्य स्तर पर बनाई हुई कोई यूनिवर्सिटी, कोई कॉलेज, कोई स्कूल, कोई ऑडिटोरियम, कोई पार्क यहाँ तक कि कोई सड़क या कोई क़ाबिल-ए-जिक्र लाइब्रेरी भी नहीं मिलती। ग़ालिब की हवेली के नाम पर दिल्ली सरकार चन्द बरसों तक जो नाटक करती रही थी, वह भी अब ख़त्म हो चुका है।

मिर्ज़ा ग़ालिब ज़िन्दगी भर नाइंसाफ़ी के शिकार रहे। मरने के बाद भी उनके साथ यही सुलूक किया जा रहा है। यह अफ़सोसनाक बात है।

नई दिल्ली

—सादिक़

हाँ, खाइयो मत फ़रेब-ए-हस्ती
हरचन्द कहें कि 'है', नहीं है

किरदार

विष्णु प्रसाद : रिटायर्ड ऑफ़िसर
महेश : विष्णु प्रसाद का नौजवान बेटा
छाया : महेश की गर्लफ़्रेंड
मिर्ज़ा ग़ालिब : उर्दू के अज़ीम शायर
माजिद मीर : कश्मीरी नौजवान
शमीम साहब : रिटायर्ड टीचर
कॉमरेड हिटलर : अधेड़ उम्र का शख़्स
दो मातहत : मातहत एक, मातहत दो
चार व्यक्ति : पहला, दूसरा, तीसरा और मजनू साहब
टीवी एंकर्स : एक, दो, तीन और चार
लेडी एंकर
अधेड़ उम्र के सात व्यक्ति
ख़ुफ़िया पुलिस का ऑफ़िसर

पहला दृश्य

[कमरे के बीचोबीच मेज़ और उसके इर्द-गिर्द चार कुर्सियाँ। विष्णु प्रसाद और महेश कुर्सियों पर बैठे हैं। दो कुर्सियाँ ख़ाली हैं।]

विष्णु प्रसाद : *(घड़ी देखते हुए)* काफ़ी देर हो गई महेश, तुम्हारी गर्लफ्रेंड छाया माथुर अब तक नहीं आई।

महेश : मैं फ़ोन करता हूँ। *(कहकर मोबाइल फ़ोन पर नम्बर डायल करता है।)* हैलो...हैलो...छाया क्या बात है...बहुत देर हो गई...हम तुम्हारा इन्तिज़ार कर रहे हैं। अच्छा...अच्छा...हाँ आ जाओ। *(मोबाइल ऑफ़ करके)* पापा वो होटल में एंटर कर चुकी है। बस दो-तीन मिनट में यहाँ आ जाएगी।

विष्णु प्रसाद : तुमने उसे समझा दिया था न कि हम क्या करने वाले हैं...और यह भी कि यहाँ सारी बातें गोपनीय रखनी होंगी।

महेश : पापा, मैं उसे समझा चुका हूँ। आप चिन्ता न करें। वो यहाँ की बातों का किसी से भी ज़िक्र नहीं करेगी।

[डोर-बेल बजती है। महेश जाकर दरवाज़ा खोलता है। एक लड़की कमरे में प्रवेश करती है।]

महेश : देर आयद दुरुस्त आयद। छाया इधर आ जाओ। *(ख़ाली कुर्सी पर बैठने का इशारा करता है। लड़की बैठ जाती है।)*

विष्णु प्रसाद : सारी बातें समझ ली हैं न तुमने। फिर भी अगर कोई बात रह गई हो तो अभी पूछ लो। दिमाग़ में कोई कन्फ़्यूज़न नहीं होना चाहिए। नहीं तो सारा काम बिगड़ जाएगा।

छाया : अंकल मेरी समझ में नहीं आया कि आप करना क्या चाहते हैं?

विष्णु प्रसाद : मैं कबीर पर एक किताब लिखना चाहता हूँ। आज के दौर में हमारे देश को इसकी बड़ी ज़रूरत है।

छाया : कबीर पर पहले ही बेशुमार किताबें लिखी जा चुकी हैं। मैं समझती हूँ उस पर और लिखने के लिए अब कुछ बचा ही न होगा।

विष्णु प्रसाद : मैं यह नहीं मानता है। दरअसल अभी बहुत कुछ ऐसा है जिस पर लिखने की ज़रूरत है।

छाया : मैं जानती हूँ। महेश ने मुझे बताया है कि आप प्लांचेट के द्वारा कबीर की आत्मा को बुलाकर

उससे संवाद करना चाहते हैं। ताकि ख़ुद कबीर से पूछ-पूछ कर कई नए यथार्थ सामने ला सकें।

विष्णु प्रसाद : बिलकुल ठीक...दरअसल मैं कबीर को केवल कवि नहीं मानता। मेरे नज़दीक वो गौतम बुद्ध, महावीर स्वामी और गुरु नानक की तरह महान शख़्सियत हैं।

छाया : और आप उस महान शख़्सियत से साक्षात्कार करके पुस्तक लिखना चाहते हैं।

विष्णु प्रसाद : ठीक समझीं।

छाया : लेकिन अंकल इस काम में आप किसी सिद्धहस्त तांत्रिक की हेल्प क्यों नहीं लेते?

विष्णु प्रसाद : मैंने पहले कुछ तांत्रिकों और सिद्धों वग़ैरह से सम्पर्क किया था ताकि उनकी सहायता से मसान जगाने की क्रिया सम्पन्न करके अपना काम करूँ। लेकिन उन लोगों की बातों में बहुत उलझनें और ख़तरे मालूम हुए। मुझे लगा कि उनके द्वारा काम नहीं बनेगा।

छाया : क्या आपको उनमें से कोई भी भरोसेमन्द नहीं लगा?

विष्णु प्रसाद : ऐसा भी नहीं है। वर्षों की तलाश के बाद मुझे एक कनफटा तांत्रिक मिला था। बड़ा जानकार...अपने काम में सिद्ध था। वह मेरी मदद के लिए तैयार भी हो गया था लेकिन... *(चुप हो जाता है।)*

छाया : लेकिन क्या?

विष्णु प्रसाद : वह यह काम किसी पगपायले द्वारा करना चाहता था। मैंने काफ़ी कोशिशें कीं, लेकिन कोई पगपायला नहीं मिल सका।

छाया : अंकल ये पगपायला क्या होता है? मैं समझी नहीं?

विष्णु प्रसाद : जब बच्चा पैदा होता है तो माँ की योनि से पहले उसका सिर बाहर आता है लेकिन कभी-कभार यूँ भी होता है कि किसी बच्चे के सिर के बजाय माँ की योनि से पहले उसके पैर बाहर आते हैं। ऐसा बच्चा हज़ारों-हज़ार में कोई एक ही होता है। पैदाइश के समय उसका ज़िन्दा बचना भी बहुत मुश्किल होता है। फिर भी जो ज़िन्दा बच जाता है, वह पगपायला कहलाता है। ऐसा बच्चा तांत्रिकों के लिए किसी वरदान से कम नहीं होता। उसके द्वारा उनकी हर सिद्धि सफल हो जाती है।

छाया : *(आश्चर्य से)* अच्छा!

विष्णु प्रसाद : ख़ैर, तो मैंने पगपायले की तलाश शुरू कर दी। काफ़ी तलाश के बाद मुझे एक पगपायला मिल भी गया। इसके बाद जब मैंने उस तांत्रिक से सम्पर्क करना चाहा, इसी बीच मेरे एक मित्र ने मुझे एक अजीब क़िस्सा सुनाया...

छाया : वो क्या अंकल?

विष्णु प्रसाद : यह कि वो तांत्रिक सिद्धि के लिए किसी पगपायले को लेकर क़ब्रिस्तान गया। उसने पगपायले को तो क़ब्र की पायँती बिठा दिया

और ख़ुद सिरहाने की तरफ़ बैठकर मंत्र पढ़ने लगा। थोड़ी देर बाद एक मुर्दा क़ब्र फोड़कर बाहर निकला। उसके दोनों हाथों में चमकते हुए ख़ंजर थे। यह देखकर पगपायला चीख़ें मारता हुआ भागा। और उस तांत्रिक के पीछे छुप गया। अचानक वह मुर्दा पलटा और अपने सामने नज़र आ रहे तांत्रिक के सीने में उसने दोनों ख़ंजर घोंप दिए।

महेश : वह तांत्रिक पगपायले की बलि देना चाहता था, लेकिन हुआ यह कि वह ख़ुद ही मारा गया। इसी बीच मैंने इंटरनेट पर प्लांचेट के बारे पढ़ा और पापा को बताया कि इसके द्वारा किसी की भी आत्मा बुलाई जा सकती है। पापा को मेरा यह आइडिया पसन्द आ गया, क्योंकि मसान जगाने की क्रिया में हमें तांत्रिकों पर निर्भर होना पड़ता है, लेकिन प्लांचेट में ऐसा नहीं है। यह हम ख़ुद ही कर सकते हैं।

छाया : लेकिन इस काम के लिए आपने अपने घर की बजाय यहाँ होटल में सुइट बुक क्यों कराया?

महेश : मैं तो घर में ही करने को कह रहा था। लेकिन पापा ने कहा कि आत्माओं का मामला है। कोई आत्मा एक बार घर में घुस गई तो पता नहीं फिर क्या हो?

छाया : *(विष्णु प्रसाद को सम्बोधित करते हुए)* यह अच्छा ही किया आपने। चलिए अंकल, अब काम की शुरुआत कीजिए। वैसे मेरे जी में

आ रहा है कि इसमें कामयाबी के बाद हम मिर्ज़ा ग़ालिब की रूह से साक्षात्कार करें और उसकी बुनियाद पर मैं ग़ालिब पर एक किताब लिखूँ।

महेश : *(छाया की तरफ़ मुड़कर)* तुम अंग्रेज़ी की प्रोफ़ेसर हो। उर्दू तुमने पढ़ी नहीं। मिर्ज़ा ग़ालिब पर लिखने की बात कर रही हो?

छाया : तुम्हारा कॉमर्स वाला दिमाग़ इसे नहीं समझेगा। हम किसी भी लेखक को उसकी भाषा वग़ैरह से ऊपर उठकर देखते हैं।

विष्णु प्रसाद : यह बहस फिर कभी। अभी प्लांचेट के बारे में कुछ ज़रूरी बातें समझ लो। *(मेज़ पर से लकड़ी का एक चौकोर बोर्ड उठाकर उन्हें दिखाते हुए)* ये ओयोजा बोर्ड है।

महेश : इस पर तो ए टू ज़ेड सारे एल्फ़ाबेट्स लिखे हुए हैं।

छाया : हाँ। और ज़ीरो से नौ तक अंक भी लिखे हैं। *(बोर्ड हाथ में लेकर देखते हुए)* और कुछ आकृतियाँ भी तो हैं। देखो। *(बोर्ड महेश की तरफ़ बढ़ाती है। वह ग़ौर से देखने के बाद कहता है—)* कमाल है। ऐसा बोर्ड मैंने एक इंग्लिश फिल्म में देखा था।

विष्णु प्रसाद : वह अलग चीज़ रही होगी। मैं केवल ओयोजा बोर्ड पर ही निर्भर नहीं करता। इसमें तांत्रिकों से सीखी हुई कुछ और विधियाँ भी शामिल करूँगा। इसके द्वारा हम पिछले नौ सौ बरसों

के अन्दर मरे किसी भी शख़्स की आत्मा को बुला सकते हैं।

छाया : ये तो वंडरफुल बात होगी, अंकल।

विष्णु प्रसाद : ओयोजा में केवल आत्मा की आवाज़ सुनाई देती है। लेकिन हमारी विधि में ख़ास बात यह है कि आत्मा साकार या पूरे शरीर के साथ सामने आती है।

छाया : *(खुश होकर)* फिर तो हम ग़ालिब की आत्मा को भी बुलाएँगे।

विष्णु प्रसाद : लेकिन अभी नहीं। अभी तो केवल एक ही नाम याद रखो—कबीर, कबीर...सिर्फ़ कबीर। हाँ, एक बात और समझ लो...ये विधि ऐसा दरवाज़ा है जिसे हम खोल तो सकते हैं लेकिन बन्द करना हमारे वश में नहीं।

छाया : *(चौंककर)* क्या मतलब?

विष्णु प्रसाद : मतलब यह कि उसके बाद सारी ज़िम्मेदारी हमारी होगी। किसी की आत्मा अगर एक बार आ गई तो ऐसा भी हो सकता है कि फिर वह हमारी मर्ज़ी से वापस न जाए।

छाया : *(घबराए हुए अन्दाज़ में)* यह तो बड़ी परेशानी की बात है। एक बार कुछ बातें पूछ लेने के बाद हम उसका क्या करेंगे?

महेश : *(ख़ुश होकर)* यह तो बड़ी अच्छी बात है। कबीर सारे कॉलेज और यूनिवर्सिटियों में पढ़ाया जाता है। हम कॉलेजों में कबीर के लाइव लेक्चर करा सकते हैं और उसके लिए

तगड़ी फ़ीस भी चार्ज कर सकते हैं।

छाया : तुम कॉमर्स वाले हमेशा पैसा बनाने वाली बातें ही सोचोगे।

महेश : भगवान के बाद पैसा ही दुनिया की सबसे बड़ी ताक़त है, छाया।

विष्णु प्रसाद : *(नाराज़ होकर)* फ़ालतू बातें नहीं। हमें अपने काम की शुरुआत करनी है। क़ायदे के मुताबिक़ सबसे पहले कमरे की खिड़कियाँ और दरवाज़े बन्द करने होंगे ताकि बाहर से आने वाली आवाज़ें डिस्टर्ब न करें। *(उठकर जाता है और खिड़की बन्द कर देता है। फिर पलटकर कहता है।)* अब कमरे की लाइट बन्द करनी होगी। *(स्विच बोर्ड के पास जाकर लाइट ऑफ़ कर देता है और लाइटर जलाकर उसकी रोशनी में अपनी कुर्सी के क़रीब आकर मेज़ पर रखी मोमबत्ती जलाता है और उसे मेज़ पर रख देता है। फिर अगरबत्तियाँ उठाकर उन्हें मोमबत्ती से सुलगाता है और कमरे के चारों कोनों में धूनी देने के बाद उन्हें मेज़ पर रख देता है।)*

छाया : ओह...अंकल आपने तो बेहद मिस्ट्रिकल माहौल क्रिएट कर दिया।

विष्णु प्रसाद : यह सब ज़रूरी है। *(काग़ज़ और पेन उसकी तरफ़ बढ़ाते हुए)* यह लो...आत्मा के प्रकट होने के बाद उसके साथ जो भी बातें हों तुम उन्हें तेज़ी के साथ नोट करती जाना। देखो, कुछ छूटना नहीं चाहिए।

छाया : आप फ़िक्र न करें अंकल। मैं अपना मोबाइल ऑन कर रही हूँ। सारी बातें टेप हो जाएँगी।

महेश : छाया, हमें रिस्क नहीं लेना चाहिए। पता नहीं आत्मा की आवाज़ का पिच कैसा हो। अगर उसकी आवाज़ ठीक से टेप नहीं हुई तो...

विष्णु प्रसाद : ठीक कहते हो। हमें रिस्क नहीं लेना चाहिए। नोट करना ही बेटर होगा।

छाया : जी अंकल। मैं तैयार हूँ।

विष्णु प्रसाद : अच्छा...कीप क्वाइट। सब बिलकुल ख़ामोश हो जाएँ। मैं कार्य आरम्भ कर रहा हूँ। *(पहले दोनों हाथ जोड़कर, आँखें बन्द करके 'ओम-ओम' कहकर कुछ बुड़बुड़ाते हुए प्रार्थना करता है। फिर ओयोजा बोर्ड को अपने दोनों हाथों में थामकर मंत्र पढ़ने के अन्दाज़ में ज़ोर-ज़ोर से ओम नमः शिवाय...ओम नमः शिवाय का पाठ करने लगता है। कुछ क्षणों के बाद अचानक उसकी आवाज़ में कम्पन शुरू हो जाता है और हाथ काँपने लगते हैं। अचानक बादलों की घड़घड़ाहट सुनाई देती है, जो धीरे-धीरे बढ़ती जाती है। बिजली चमकने और कड़कने लगती है। ओयोजा बोर्ड विष्णु के हाथों में इधर-उधर हिलने-डुलने लगता है। वह ख़ुद भी काँपते हुए हाथों से उसे थामे हुए उसके साथ-साथ ख़ुद भी हिलने लगता है और मंत्र पढ़ते हुए कँपकँपाती आवाज़ में कहता है—छाया, अब तुम ज़ोर-ज़ोर से तीन बार कवि का नाम बोलो।)*

छाया : *(एकदम घबराकर, ऊँची आवाज़ में)* मिर्ज़ा ग़ालिब...मिर्ज़ा ग़ालिब...मिर्ज़ा ग़ालिब।

[विष्णु दोनों हाथों से अपना सिर पीटने लगता है। महेश उठकर छाया के मुँह पर अपना हाथ रख देता है। घड़घड़ाहट की तेज़ आवाज़ के साथ मंच अँधेरे में डूब जाता है। कुछ लम्हों के बाद संगीत के ख़ुशगवार सुरों के साथ धीरे-धीरे कमरा रोशन होता है। विष्णु और महेश दोनों मेज़ पर सिर डाले अपनी-अपनी जगह पर बेहोश पड़े नज़र आते हैं। छाया खड़ी होकर आश्चर्य भरी नज़रों से उन्हें देखती है। इतने में उसके पीछे से मिर्ज़ा ग़ालिब धीरे-धीरे चलते हुए उसके क़रीब आकर रुक जाते हैं।]

मिर्ज़ा ग़ालिब : मुझे यहाँ किसने बुलाया?

छाया : *(एकदम घबराकर पलटती है। अपने पीछे ग़ालिब को देखकर चौंक पड़ती है। और सहमे हुए अन्दाज़ में कहती है)* बुलाया तो हमने ही है। दरअसल कबीर को बुलाना था, लेकिन मेरी ज़बान से अचानक आपका नाम निकल गया और आप आ गए।

मिर्ज़ा ग़ालिब : यानी मैं यहाँ ग़लती से आ गया हूँ?

छाया : लेकिन अपनी नहीं, मेरी ग़लती से।

मिर्ज़ा ग़ालिब : बहरहाल, आया तो ग़लती से ही हूँ। अब बेहतर

यही है कि मैं यहाँ से चला जाऊँ। *(जाने लगते हैं। छाया एकदम सामने आकर उन्हें रोकती है और कहती है)*

छाया : अब आप आ गए हैं तो रुक जाइए। जा क्यों रहे हैं?

मिर्ज़ा ग़ालिब : इसलिए कि यहाँ मेरी हैसियत बिन-बुलाए मेहमान की सी है।

छाया : बिन-बुलाए मेहमान की कैसे हो सकती है? मैंने ख़ुद नाम ले-लेकर आपको यहाँ बुलाया है। एक नहीं, तीन-तीन बार आपका नाम लिया है। मुझे कबीर का नाम लेने को कहा गया था, लेकिन मेरे ज़हन-ओ-दिल में आपका नाम बसा हुआ है, जो बेइख़्तियार मेरी ज़बान पर आ गया।

मिर्ज़ा ग़ालिब : *(हैरत और ख़ुशी से उसकी तरफ़ देखते हुए)* तुम्हारे ज़हन-ओ-दिल में क्यों बसा हुआ है मेरा नाम?

छाया : इसलिए कि मैंने आपकी शायरी पढ़ी है और सुनी भी है। मुझे आपके बेशुमार शेर ज़बानी याद हैं। कहें तो अभी सुना सकती हूँ।

इश्क़ पर ज़ोर नहीं, है ये वो आतिश ग़ालिब
कि लगाए ना लगे और बुझाए ना बने।

मिर्ज़ा ग़ालिब : *(उसकी तरफ़ हैरत से देखते हुए)* तुम्हारी बातें मुझे अच्छी लग रही हैं। लेकिन मैं यहाँ *(कमरे में बेहोश पड़े लोगों की तरफ़ इशारा करते हुए)*

इस माहौल में ज़्यादा देर नहीं ठहर सकता।

छाया : *(दोनों को देखते हुए)* इनको क्या हो गया है?

मिर्ज़ा ग़ालिब : कुछ नहीं। बेहोश हो गए हैं। शायद मेरा नाम इनके ज़हनों में नहीं था। इसलिए ये मुझसे बेताल्लुक़ हैं। मेरे जाने के बाद ख़ुद-ब-ख़ुद होश में आ जाएँगे। अच्छा...तो मैं जाता हूँ। *(जाने लगते हैं।)*

छाया : कहाँ जाएँगे आप?

मिर्ज़ा ग़ालिब : दिल्ली मेरा शहर है। कहीं भी जा सकता हूँ।

छाया : दिल्ली उन्नीसवीं सदी में आपका शहर था, अब नहीं। पता है अब इक्कीसवीं सदी चल रही है। अब आप दिल्ली के लिए और दिल्ली आपके लिए अजनबी है।

मिर्ज़ा ग़ालिब : लेकिन मैं और नहीं ठहर सकता। यहाँ मुझे वहशत हो रही है।

छाया : तो चलिए आपको कहीं और लेकर चलती हूँ। मैंने ही आपको बुलाया है। आप मेरे मेहमान हैं।

मिर्ज़ा ग़ालिब : तुम मुझे कहाँ ले जाना चाहती हो?

छाया : अपने एक दोस्त के यहाँ।

मिर्ज़ा ग़ालिब : मैं हर किसी के यहाँ जाना पसन्द नहीं करता।

छाया : लेकिन मैं जिसकी बात कर रही हूँ वो शेर-ओ-अदब शौक़ीन है। आपसे बड़ी अक़ीदत रखता है। आपकी ज़िन्दगी के सारे अहम वाक़ियात जानता है और आपके सैकड़ों अशआर उसे ज़बानी याद हैं।

मिर्ज़ा ग़ालिब : *(हैरत से)* अच्छा! ऐसा कौन है? मैं भी तो जानूँ।

छाया : तो फिर आइए मेरे साथ।

[दोनों जाते हैं। हल्के संगीत के साथ धीरे-धीरे अँधेरा हो जाता है।]

दूसरा दृश्य

[यूनिवर्सिटी हॉस्टल का छोटा-सा कमरा। सिंगल बेड के क़रीब रखी कुर्सियों पर मिर्ज़ा ग़ालिब और छाया बैठे हैं। बेड के कोने पर माजिद मीर बैठा है।]

छाया : ...तो ये थी पिछले दो घंटे की वे सारी बातें जिनके नतीजे में हमें ग्रेट पोएट मिर्ज़ा ग़ालिब से मुलाक़ात का चांस मिला और अब वह हमारे साथ हैं।

माजिद मीर : छाया तुमने जो कुछ कहा वो सुनने के बाद भी मुझे यक़ीन नहीं आ रहा है।

छाया : कमाल करते हो माजिद। अरे यार मिर्ज़ा ग़ालिब तुम्हारे सामने बैठे हैं और तुम कह रहे हो कि यक़ीन नहीं आ रहा है!

माजिद मीर : तुम्हारी बातें सुनने और अपनी आँखों से देखने के बावजूद मेरा ज़हन यही कह रहा है कि—

हैं ख़्वाब में हनोज़ जो जागे हैं ख़्वाब में

छाया : यह ख़्वाब नहीं हक़ीक़त है माजिद। एक बार फिर अपनी आँखें मलकर देखो।

माजिद मीर : देख रहा हूँ और सोच रहा हूँ कि *(ग़ालिब की तरफ़ इशारा करके)*

वो आए घर में हमारे, ख़ुदा की क़ुदरत है
कभी हम उनको, कभी अपने घर को देखते हैं

छाया : बिलकुल सही बात है। *(हँसती है। मिर्ज़ा ग़ालिब मुस्कुराकर माजिद की तरफ़ देखते हैं।)*

माजिद मीर : *(मिर्ज़ा ग़ालिब को सम्बोधित करके)* आपके आने के बारे में छाया ने जो कुछ बताया है, उस पर ताज्जुब हो रहा है। मैं तो यह सोच-सोचकर हैरान हो रहा हूँ कि इस हुलिये में आप यहाँ तक आए कैसे? रास्ते में सब लोग हैरत से आपको देखते रहे होंगे।

छाया : मैंने फ़ोन करके होटल के गेट पर कैब बुलवा ली थी। रास्ते में ड्राइवर बार-बार मुड़कर देखने लगा तो मैंने कह दिया कि यह एक्टर हैं। यूनिवर्सिटी में ड्रामा हो रहा है। उसमें मिर्ज़ा ग़ालिब का रोल करेंगे। तब जाकर उसकी हैरानी ख़त्म हुई।

माजिद मीर : और यहाँ आते हुए भी तो कुछ लोगों ने देखा होगा?

छाया : हाँ, एक-दो लोगों ने देखा ज़रूर, लेकिन किसी ने कुछ पूछा नहीं। अलबत्ता वहाँ होटल से निकलकर कैब में बैठने तक कई लोग घूर-घूर

कर हमें देखते रहे थे।

माजिद मीर : ख़ैर, मुझे यह बताओ कि तुमने ग़ालिब साहब को ख़ुद अपने बारे में कुछ बताया कि नहीं?

छाया : कुछ ख़ास नहीं।

माजिद मीर : *(मिर्ज़ा ग़ालिब से)* यह छाया माथुर हैं। उर्दू और फ़ारसी इनके ख़ानदान की ज़बानें रही हैं। यह ख़ुद उर्दू लिखना-पढ़ना बिलकुल नहीं जानती, लेकिन आपकी शायरी पर जान छिड़कती है। दीवान-ए-ग़ालिब के बेशुमार अशआर इसे ज़बानी याद हैं।

छाया : मैंने हिन्दी और अंग्रेज़ी में आपके बारे में ख़ूब पढ़ा है। और आपका दीवान तो हमेशा पढ़ती रहती हूँ।

[मिर्ज़ा ग़ालिब मुस्कुराकर छाया की तरफ़ देखते हैं।]

माजिद मीर : ग़ालिब साहब सोच रहे होंगे कि हम लोगों ने एक-दूसरे की तारीफ़ें करनी शुरू कर दी हैं।

मिर्ज़ा ग़ालिब : मैं यह सोच रहा हूँ कि तुम लोग करते क्या हो?

छाया : मैं एक कॉलेज में अंग्रेज़ी पढ़ाती हूँ और यह माजिद मीर, यहाँ यूनिवर्सिटी में आपकी ज़िन्दगी और शायरी पर रिसर्च यानी तहक़ीक़ कर रहा है।

मिर्ज़ा ग़ालिब : मेरी ज़िन्दगी और शायरी पर तहक़ीक़! क्या मानी? मैं समझा नहीं।

छाया : यह आपके अशआर पढ़ने के बाद उन पर

ख़ूब ग़ौर-ओ-फ़िक्र करके उनके नए-नए मानी तलाश करेगा और आपकी ज़िन्दगी के सही-सही हालात और वाक़ियात मालूम करके एक किताब लिखेगा।

मिर्ज़ा ग़ालिब : यह क्या बात हुई? मेरी ज़िन्दगी के तमाम हालात और वाक़ियात तो मैं ख़ुद अपने ख़तों में लिख चुका हूँ। क्या वे सारे ख़त ज़ाया हो गए?

माजिद मीर : हरगिज़ नहीं। आपके कुछ उर्दू और फ़ारसी ख़त तो आपकी ज़िन्दगी में ही किताबी शक्ल में छप गए थे। बाक़ी बचे हुए ख़त भी आपके इन्तक़ाल के बाद छपकर मंज़र-ए-आम पर आ चुके हैं। इन ख़तों में आपने अपनी ज़िन्दगी और अपने दौर की जो हक़ीक़तें बयान की हैं, मैं उन सबका गहराई से जायज़ा ले रहा हूँ ताकि आपकी ज़िन्दगी की गुमशुदा कड़ियों को जोड़ा जा सके। *(मिर्ज़ा ग़ालिब उसे ग़ौर से देखते रहते हैं।)*

छाया : इस तरह माजिद मीर की तहक़ीक़ के ज़रिये आपकी ज़िन्दगी और शायरी के बहुत से नए पहलू और हक़ीक़ते मंज़र-ए-आम पर आ जाएँगी।

माजिद मीर : वैसे आपकी ज़िन्दगी के बारे में अब तक बेशुमार किताबें और मज़ामीन शाया हो चुके हैं। फिर भी ऐसी कई बातें हैं जिन पर तहक़ीक़ करने और उन्हें लिखने की ज़रूरत है। मैं पूरी

ज़िम्मेदारी के साथ यह काम करने की कोशिश कर रहा हूँ।

छाया : आपकी ज़िन्दगी के हालात लिखने का पहला और ज़िम्मेदाराना काम तो आपके अज़ीज़ शाग़िर्द ख़्वाजा अल्ताफ़ हुसैन हाली ने किया था।

माजिद मीर : हाली साहब ने 'यादगार-ए-ग़ालिब' नाम से आप पर एक लाजवाब किताब लिखी है।

छाया : और उन्होंने ग़ालिब साहब का मर्सिया भी तो लिखा था?

माजिद मीर : हाँ, बेमिसाल मर्सिया है वो। उससे बेहतर कोई शख़्सी मर्सिया अब तक मेरी नज़र से नहीं गुज़रा—

हमने सबका कलाम देखा है,
है अदब शर्त मुँह न खुलवाएँ।
ग़ालिब-ए-नुक़्तादां से क्या निस्बत,
ख़ाक को आसमाँ से क्या निस्बत॥

[मिर्ज़ा ग़ालिब हैरत और ख़ुशी से उसका मुँह तकते रहते हैं।]

छाया : और उन्होंने मिर्ज़ा ग़ालिब की ज़िन्दगी के कई दिलचस्प वाक़ियात भी तो बयान किए हैं। मसलन दिल्ली कॉलेज में मुलाजमत वाला वाक़िया।

माजिद मीर : *(मिर्ज़ा ग़ालिब से)* कहते हैं कि दिल्ली कॉलेज

में फ़ारसी पढ़ाने के लिए आपसे दरख़्वास्त की गई थी।

मिर्ज़ा ग़ालिब : दरख़्वास्त नहीं की गई थी। दोस्तों के कहने पर मैं ख़ुद गया था। जब मैं वहाँ पहुँचा तो पालकी से उतरकर इन्तज़ार करने लगा कि तामसन साहब मेरे इस्तक़बाल के लिए आएँगे।

माजिद मीर : लेकिन वह नहीं आए। इधर आप उनका इन्तिज़ार करते रहे और उधर वह आपका...

मिर्ज़ा ग़ालिब : जब काफ़ी देर हो गई तो तामसन साहब के ख़ादिम ने आकर मुझसे कहा कि आप जाते क्यों नहीं? साहब इन्तिज़ार कर रहे हैं। मैंने कहा कि वो मेरे इस्तिक़बाल के लिए यहीं आएँगे। मैं उनका इन्तिज़ार कर रहा हूँ।

माजिद मीर : उसने अन्दर जाकर साहब को बताया कि मिर्ज़ा साहब वहीं बाहर खड़े आपका इन्तिज़ार कर रहे हैं कि आप आकर उनका इस्तक़बाल करेंगे।

मिर्ज़ा ग़ालिब : यह सुनकर तामसन साहब ख़ुद आए। उन्होंने मुझे बताया कि जब आप दरबार-ए-गवर्नरी में तशरीफ़ लाएँगे तो उस वक़्त आपकी वह हैसियत होगी कि बाहर आकर आपका इस्तिक़बाल किया जाए। लेकिन इस वक़्त आप अपनी नौकरी के लिए आए हैं, लिहाज़ा इस ताज़ीम के मुस्तहिक़ नहीं।

माजिद मीर : क्योंकि वहाँ आपकी हैसियत एक दरख़्वास्त गुज़ार की थी।

मिर्ज़ा ग़ालिब : यह सुनकर मैंने कहा कि मैं तो सोचता था कि कॉलेज में पढ़ाने की ख़िदमत से मेरी इज्ज़त में इज़ाफ़ा होगा, लेकिन यहाँ आकर मालूम हुआ कि जो ख़ानदानी इज़्ज़त है, वह भी कम हुई जाती है। ऐसी नौकरी को मेरा सलाम। यह कहकर मैं अपने घर लौट आया।

माजिद मीर : *उलटे फिर आए, दर-ए-काबा अगर वा ना हुआ,* कहने वाले मिर्ज़ा ग़ालिब ही ऐसा कर सकते थे, और उन्होंने किया भी। *(माजिद मीर और छाया दोनों हँसते हैं।)*

छाया : *(माजिद मीर से)* और वह गालियों वाला वाक़िया भी तो था!

माजिद मीर : छोड़ो भी, फ़ुज़ूल सी बात है।

मिर्ज़ा ग़ालिब : हाली मेरा शागिर्द था। वह फ़ुज़ूल बात नहीं लिख सकता। अगर उसने लिखा है तो ज़रूर कोई अहम बात होगी।

माजिद मीर : दरअसल आपके सामने ज़िक्र करते हुए मुझे झिझक महसूस हो रही है।

मिर्ज़ा ग़ालिब : सच बात कहते हुए कभी झिझकना नहीं चाहिए। कहो क्या बात है?

माजिद मीर : यह कि एक बार किसी गुमनाम शख़्स ने ख़त में आपको माँ की गाली लिख भेजी थी।

मिर्ज़ा ग़ालिब : सच बात है।

माजिद मीर : *(छाया की ओर मुड़कर)* लेकिन ग़ालिब साहब ने इस नामाक़ूल हरकत पर ग़ुस्सा

होने के बजाय जो फ़रमाया वह कोई सोच भी नहीं सकता।

छाया : क्या फ़रमाया था?

माजिद मीर : हँसते हुए कहा था कि ख़त लिखने वाला पढ़ा-लिखा तो है, लेकिन वो बेवकूफ़ गाली देने की तमीज़ नहीं रखता।

मिर्ज़ा ग़ालिब : मुझे इस बात पर हँसी आई थी कि उस नादान ने मुझ जैसे बूढ़े आदमी को माँ की गाली लिखी थी।

छाया : हँसी क्यों आई? आपको तो ग़ुस्सा आना चाहिए था।

मिर्ज़ा ग़ालिब : इसलिए कि माँ की गाली बच्चे को दी जानी चाहिए। नौजवान को बहन की गाली दी जाती है। जवान आदमी, जो शादीशुदा हो, उसे जोरू की गाली देते हैं और बूढ़े आदमी को बेटी की गाली दी जाती है। *(माजिद और छाया दोनों हँसते हैं।)* तुम्हारी बातों से अन्दाज़ा हो रहा है कि मेरी ज़िन्दगी के बेशतर हालात से तुम वाक़िफ़ हो। तुम तहक़ीक़ क्या करोगे? जो बातें मालूम हैं उन्हीं को बयान कर देना तो तहक़ीक़ नहीं।

माजिद मीर : दुरुस्त फ़रमाया। लेकिन मेरी तहक़ीक़ कुछ अलग क़िस्म की होगी।

मिर्ज़ा ग़ालिब : अलग क़िस्म की कैसी?

माजिद मीर : मैंने आपके दौर के बारे में बहुत पढ़ा है। उस ज़माने में हिन्दुस्तान तो क्या ईरान-ओ-तूरान में

भी आपसे बेहतर कोई शायर नहीं था।

मिर्ज़ा ग़ालिब : यह बात तुम किस बुनियाद पर कह रहे हो? उस ज़माने में अरबी, फ़ारसी और तुर्की ज़बानों में भी तो कई शायर हुए होंगे, क्या तुमने उन सबका कलाम पढ़ा है?

माजिद मीर : मैंने इन ज़बानों के शायरों पर लिखी हुईं कई किताबें पढ़ी हैं और उनकी बुनियाद पर यह राय क़ायम की है। *(मिर्ज़ा ग़ालिब उसकी तरफ़ देखते रहते हैं।)* हमारे मुल्क हिन्दुस्तान में भी कई ज़बानें हैं और आपके ज़माने में उनमें भी कई अहम शायर हुए हैं। मैंने उन सबके बारे में भी पढ़ा है, लेकिन उनमें भी आपके रुतबे का कोई शायर नहीं पाया। *(मिर्ज़ा ग़ालिब हैरत से उसके चेहरे को तकते रहते हैं।)*

छाया : यही नहीं हम दोनों ने वेस्ट यानी मग़रिब के शायरों के बारे में भी ख़ूब पढ़ा है। और आपके इस दावे को सही पाया कि—

हैं और भी दुनिया में सुख़नवर बहुत अच्छे
कहतेहैंकिग़ालिबकाहैअन्दाज़-ए-बयाँऔर

माजिद मीर : अन्दाज़-ए-बयान ही नहीं, ग़ालिब साहब के ख़यालात भी सबसे अछूते हैं।

मिर्ज़ा ग़ालिब : तुम्हारी अक्ल-ओ-फ़हम और ज़ौक-ओ-शौक़ को देखकर मुझे हैरत भी हो रही है और ख़ुशी भी।

छाया : *(घड़ी देखते हुए माजिद मीर से)* बहुत वक़्त

गुज़र गया है। मुझे घर जाना है। माजिद अब तुम जल्दी से कल का प्रोग्राम बना लो। कल मैं शाम से पहले नहीं आ सकूँगी।

माजिद मीर : कोई बात नहीं। ग़ालिब साहब मेरे साथ रहेंगे। कल पहले तो मैं उन्हें यूनिवर्सिटी कैम्पस की सैर कराऊँगा। उसके बाद मुझे थोड़ी देर के लिए पाकिस्तान एम्बेसी जाना है।

छाया : *(चौंककर)* वहाँ क्यों?

माजिद मीर : मुझे अपने रिसर्च वर्क के सिलसिले में पाकिस्तान में छपी हुई कुछ किताबों की ज़रूरत है। एक साहब वहाँ जा रहे हैं। उन्हें किताबों के नामों की लिस्ट देनी है, जो मिल जाएँगी, वे लेते आएँगे।

छाया : वाक़ई, बहुत ज़रूरी काम है।

माजिद मीर : इसके बाद मैं ग़ालिब साहब को बस्ती हज़रत निजामुद्दीन ले जाऊँगा। *(हँसते हुए)* वहाँ ग़ालिब साहब अपना मज़ार और अपने नाम बनी ग़ालिब एकेडमी भी देख लेंगे।

[दोनों हँसते हैं]

छाया : *(ग़ालिब की तरफ़ इशारा करके)* लेकिन इस हुलिये में तो सब लोग इन्हें पहचान लेंगे और मुसीबत खड़ी हो जाएगी।

माजिद मीर : मैं समझता हूँ चोगा उतारने और टोपी बदलने से बात बन जाएगी। मेरे पास जो नमाज़ वाली टोपी रखी है, वह कब काम आएगी।

छाया : *(ख़ुश होकर)* हाँ यह ठीक है। लेकिन क्या मिर्ज़ा साहब तुम्हारी नमाज़ वाली टोपी पहनना पसन्द करेंगे?

माजिद मीर : क्यों नहीं। मिर्ज़ा साहब हमसे ज़्यादा अक्ल रखते हैं और वक़्त के तक़ाज़ों को भी ख़ूब समझते हैं।

[ग़ालिब दोनों की तरफ़ देखकर मुस्कुराते हैं। धीरे-धीरे अँधेरा हो जाता है।]

तीसरा दृश्य

[ग़ालिब एकेडमी : सेक्रेटरी के कमरे में मिर्ज़ा ग़ालिब और माजिद मीर कुर्सियों पर बैठे हैं। ग़ालिब के सिर पर कपड़े की सफ़ेद गोल टोपी है।]

मिर्ज़ा ग़ालिब : तुमने क्या नाम बताया था इस इमारत का?

माजिद मीर : ग़ालिब एकेडमी। यह इमारत आपकी याद में बनवाई गई है। काफ़ी बड़ी इमारत है। इसमें हमेशा इल्मी और अदबी सरगर्मियाँ चलती रहती हैं। इसके क़रीब ही आपका मज़ार है।

मिर्ज़ा ग़ालिब : यह जगह दरअसल हमारा ख़ानदानी क़ब्रिस्तान था। मैं इसे कभी नहीं भूल सकता। अज़ीज़म, तुम्हें नहीं मालूम मैंने इसी में अपने सात शीरख्वार बच्चों को अपने हाथों से दफ़न किया था।

माजिद मीर : उनके बाद आपका गोद लिया हुआ बेटा आरिफ भी तो यहीं दफ़न है, जिसके लिए

आपने बहुत दर्दभरी ग़ज़ल कही थी—

हाँ, ऐ फ़लक ए पीर जवाँ था अभी आरिफ़
क्या तेरा बिगड़ता, जो न मरता कोई दिन और

मिर्ज़ा ग़ालिब : ख़ैर, अब तो सब कुछ ख़त्म हो गया। न दिल रहा, न दर्द-ओ-ग़म, न ज़माना रहा, न उसके जुल्म-ओ-सितम।

माजिद मीर : लेकिन पुरानी बातें आपके ज़हन में महफूज़ होंगी। किसी शाइर ने क्या ख़ूब कहा है,

याद-ए-माज़ी अज़ाब है यारब
छीन ले मुझसे हाफ़िज़ा मेरा

मिर्ज़ा ग़ालिब : *(मुँह बनाकर)* लाहौल विला क़ुव्वत। निहायत नामाक़ूल शेर है। ऐसे शाइर का हाफ़िज़ा वाक़ई छीन लिया जाना चाहिए।

माजिद मीर : शाइर का नाम मुझे मालूम नहीं। लेकिन यह बहुत मशहूर और मक़बूल शेर है।

मिर्ज़ा ग़ालिब : अज़ीज़म, ज़रा सोचो तो आदमी का हाफ़ज़ा उसकी सबसे बड़ी ताक़त होता है और माज़ी की यादें उसका सबसे क़ीमती सरमाया। अगर ये छीन लिए जावें तो ज़िन्दगी में बचता ही क्या है?

माजिद मीर : बजा फ़रमाया आपने।

मिर्ज़ा ग़ालिब : मुझे अन्दाज़ा हो गया कि यहीं-कहीं मेरी क़ब्र होगी। इसी क़ब्रिस्तान के पास एक बारादरी भी हुआ करती थी।

माजिद मीर : जी, वह बारादरी आज भी मौजूद है।

मिर्ज़ा ग़ालिब : इसके मशरिक़ में एक नहर थी, जो यहाँ से होती हुई हुमायूँ के मक़बरे के पीछे से जाकर जमना से जा मिलती थी। वहाँ से लोग कश्तियों में सवार होकर देहली से आगरा जाया करते थे।

माजिद मीर : वो नहर अब तो नाला बन चुकी है।

मिर्ज़ा ग़ालिब : *(अनसुनी करते हुए)* शुमाल में वह इमारत थी जहाँ से हर साल बसन्त का जुलूस बड़ी आन-बान से निकाला जाता था। दरगाह के ख़ुद्दाम और सब लोग ज़ाफ़रानी रंग की टोपियाँ पहन के और कन्धों पर ज़ाफ़रानी दस्तारें डाल के थालों में सरसों के फूल सजाकर लाते थे। दरगाह पर हरे रंग की बजाय पीले रंग की चादर चढ़ाई जाती थी और उस दिन जो लंगर होता था उसमें गोश्त की बजाय सिर्फ़ दालें और सब्ज़ियाँ ही बनाई जाती थीं, जिन्हें सब अक़ीदत से खाते थे।

[अस्सलाम अलैकुम कहते हुए अचानक एक शख़्स कमरे में दाख़िल होता है। माजिद मीर खड़ा होकर उससे हाथ मिलाता है।]

माजिद मीर : आइए-आइए शमीम साहब, तशरीफ़ रखिए। *(ग़ालिब से मुख़ातिब होकर)* ये शमीम साहब हैं। उर्दू पढ़ाते थे। अब रिटायरमेंट के बाद दिन भर इधर ही मिलते हैं। *(ग़ालिब की तरफ़ इशारा*

करके) यह मेरे मोहतरम बुज़ुर्ग असदुल्लाह साहब हैं। हम लोग इधर आए थे। सोचा कि ग़ालिब एकेडमी और मज़ार-ए-ग़ालिब भी देखते चलें। सेक्रेटरी साहब से भी मिलना चाहते थे लेकिन वो कहीं गए हुए हैं।

शमीम साहब : ग़ालिब एकेडमी तो आप देख ही रहे हैं। लेकिन मज़ार-ए-ग़ालिब बाहर से ही देखना पड़ेगा।

माजिद मीर : क्या मतलब?

शमीम साहब : इसलिए कि मज़ार-ए-ग़ालिब आजकल एक ट्रस्ट के ज़ेर-ए-इन्तज़ाम है। मेन गेट पर ट्रस्ट वालों का ताला पड़ा रहता है।

माजिद मीर : कमाल है। हज़रत निज़ामुद्दीन और अमीर ख़ुसरो दोनों ग़ालिब से कहीं ज़्यादा मोहतरम शख़्सियतें हैं, लेकिन उनके मज़ार आने-जाने वालों के लिए खुले रहते हैं और मिर्ज़ा ग़ालिब के मज़ार पर ताला?

शमीम साहब : वहाँ दरगाह के ख़ुद्दाम और मुजावर हमेशा मौजूद रहते हैं। लेकिन यहाँ मज़ार-ए-ग़ालिब के अहाते में हर रोज़ शराबी-कबाबी, जुआरी और नशेड़ी आकर क़ब्ज़ा जमा लिया करते थे।

माजिद मीर : फिर भी इसका हल यह तो नहीं कि गेट पर ताला डाल दिया जाए।

शमीम साहब : ताला तो ख़ैर अब डाला गया है। इससे पहले मज़ार-ए-ग़ालिब की देखभाल का काम एकेडमी वाले ही करते थे।

माजिद मीर : तो अब भी एकेडमी वालों को ही करना चाहिए।

वहाँ एक चौकीदार रख देते, जो ग़लत क़िस्म के लोगों को आने से रोकता।

शमीम साहब : चौकीदार रखा था, लेकिन मक़सद पूरा नहीं हुआ।

माजिद मीर : क्या वो पैसों के लालच में उन ग़लत लोगों से मिल गया?

शमीम साहब : बिलकुल, यही हुआ। फिर एकेडमी ने तय किया कि ग़ालिब के मज़ार पर एक मुजावर रखा जाए। ताकि वो मज़ार की देखरेख करता रहे और वहाँ आने वालों को ग़ालिब के बारे में बताता भी रहे।

माजिद मीर : फिर तो अच्छा नतीजा निकला होगा।

शमीम साहब : क्या ख़ाक निकलता अच्छा नतीजा? उन समाज-दुश्मन लोगों ने मुजावर को लालच देकर करप्ट करना चाहा। लेकिन मुजावर ईमानदार आदमी था, वह उनके चंगुल में नहीं आया।

माजिद मीर : फिर क्या हुआ?

शमीम साहब : फिर यह हुआ कि उन लोगों ने मुजावर को मार-पीट कर वहाँ से भगा दिया। उसने एकेडमी वालों से शिकायत की तो उन्होंने पुलिस में रिपोर्ट करने के बाद मुजावर को दोबारा अपने काम पर मामूर किया।

माजिद मीर : बहुत अच्छा किया।

शमीम साहब : अजी अच्छा कहाँ। उसके बाद ज़रायम-पेशा लोग और पुलिस वाले आपस में मिल गए। उन्होंने मियाँ मुजावर को मारा-पीटा और

जान से मार देने की धमकी दी। दो-तीन बार ऐसा होने के बाद मजबूरन उसे वहाँ से हटा लिया गया।

माजिद मीर : यह तो बहुत ग़लत हुआ।

शमीम साहब : जब यह एरिया ट्रस्ट की तहवील में आया तो मज़ार-ए-ग़ालिब की हिफ़ाज़त के लिए उस पर ताला डाल दिया गया।

माजिद मीर : *(उठते हुए)* ख़ैर, वो न सही हम ग़ालिब म्यूज़ियम और लाइब्रेरी ही देख लेते हैं।

शमीम साहब : ज़रूर देखिए...और हाँ, अगर आप मिर्ज़ा ग़ालिब पर ड्रामा देखना चाहे तो लाइब्रेरी में से फ्री पास लेते जाइएगा। सुना है बहुत मज़ेदार ड्रामा है। मंडी हाउस में हो रहा है।

माजिद मीर : फिर तो हम ज़रूर देखेंगे। लेकिन तीन पास दरकार होंगे। मेरी एक दोस्त भी हमारे साथ जाएगी।

शमीम साहब : फ्री पास हैं, जितने चाहें ले-लें।

[धीरे-धीरे अँधेरा हो जाता है।]

चौथा दृश्य

[मिर्ज़ा ग़ालिब, माजिद मीर और छाया तीनों रोड साइड चाय वाले के यहाँ एक मामूली-सी बेंच पर बैठे हैं।]

छाया : बहुत होपलेस ड्रामा निकला। मैं तो इसके लिए अपने ज़रूरी काम छोड़कर आई थी। देखकर बड़ी मायूसी हुई।

माजिद मीर : मैंने इसकी बहुत तारीफ़ सुनी थी लेकिन देखा तो मज़ा नहीं आया।

छाया : शंभू नागर की डायरेक्शन भी इसे सँभाल नहीं सकी। *(फिर दाएँ तरफ़ मुँह करके, ज़ोर से)* भैया दो चाय भिजवा देना।

आवाज़ : अच्छा मैम। दोनों मीठी न?

छाया : हाँ, हाँ। नॉर्मल। जैसी हमेशा देते हो।

आवाज़ : अच्छा मैम। अभी भिजवाता हूँ।

छाया : *(माजिद मीर से)* आज इसे पूछने की क्या ज़रूरत पड़ गई?

माजिद मीर : शायद हमारे साथ इन बुज़ुर्ग को देखकर पूछ रहा है।

छाया : हाँ...इसे क्या मालूम कि ये खाने-पीने की ज़रूरतों से एकदम फ़ारिग हैं। काश हम भी ऐसे ही होते कि खाने-पीने की कोई ज़रूरत ही न होती। कितने मज़े की बात होती।

माजिद मीर : ख़ुदा ने पेट भी अजब चीज़ बनाया है। सुबह भरो, दोपहर तक ख़ाली। दोपहर को भरो, रात तक ख़ाली। फिर रात को भरो तो...

छाया : अगर पेट न होता तो न कोई भूख से मरता, न कोई गरीबी से डरता। सबका जीवन सुख-चैन से गुजरता।

मिर्ज़ा ग़ालिब : लेकिन ज़रा सोचो तो अगर ऐसा होता तो क्या आदमी अमल की ताक़त नहीं खो देता? कोई कुछ करता ही नहीं। ख़ुदा को अपनी ख़ुदाई चलानी मुश्किल हो जाती।

माजिद मीर : गहरी बात है। यह तो हमने सोचा ही नहीं।

[तीनों ख़ामोश होकर कुछ सोचते नज़र आते हैं। चन्द लम्हों के बाद चाय वाले की आवाज़।]

आवाज़ : मैम...आपकी चाय तैयार है।

माजिद मीर : आ रहा हूँ। *(चाय लेने जाता है और दोनों हाथों में थर्माकोल के दो गिलास लेकर आता है। एक छाया को देकर दूसरा गिलास हाथ में लिये बैठ जाता है।)*

छाया : *(ग़ालिब को मुख़ातिब करके)* जी, इस ड्रामे के बारे में आपका क्या ख़याल है?

मिर्ज़ा ग़ालिब : लिखने वाले ने मेरे साथ बड़ी ज़्यादती की है। मेरा तो किरदार ही तबाह कर दिया इस तमाशे में। *(दोनों हैरान होकर ग़ालिब की तरफ़ देखते हैं।)*

माजिद मीर : वह कैसे?

मिर्ज़ा ग़ालिब : मैं ज़िन्दगी भर नए लोगों और नए ख़यालों का इस्तिक़बाल करता रहा हूँ। उनकी हिम्मत अफ़ज़ाई करता रहा हूँ। लेकिन यहाँ मुझे उनका मुख़ालिफ़ दिखाया गया है।

माजिद मीर : इस बात पर ड्रामानिगार ने ग़ौर ही नहीं किया कि मिर्ज़ा साहब जिद्दत-पसन्द आदमी थे। मॉर्डनिटी के शैदाई थे। वह नई चीज़ों के मुख़ालिफ़ कैसे हो सकते हैं?

छाया : इस ड्रामे को छपे कई साल हो चुके हैं। क्या किसी क्रिटिक ने अब तक इस प्वॉइंट पर एतराज़ नहीं किया?

माजिद मीर : मुझे भी हैरत हो रही है कि लोग इसकी तारीफ क्यों करते रहे हैं?

छाया : क्या यह बात किसी ने भी नहीं कही कि यह ड्रामा मिर्ज़ा ग़ालिब के मिज़ाज, उनके किरदार और उनकी सोच के बरअक्स है?

माजिद मीर : नहीं कही। इसके अलावा और भी कई ड्रामानिगार मिर्ज़ा ग़ालिब के साथ ऐसी ही ज़्यादती करते रहे हैं।

छाया : क्या मतलब?

माजिद मीर : मतलब यह है कि कई ड्रामानिगार मिर्ज़ा ग़ालिब को आम शायर की तरह पेश करते रहे। मैंने यहीं मंडी हाउस के स्टेजों पर ऐसे ड्रामे भी देखे हैं, जिनमें मिर्ज़ा ग़ालिब को पुराने ख़याल का बुज़ुर्ग बताया गया है।

छाया : मैंने भी एक ऐसा ड्रामा देखा है जिनमें मिर्ज़ा ग़ालिब को मौजूदा दौर के बदले हुए हालात और माहौल में पेश किया गया था। मिर्ज़ा ग़ालिब आज के ज़माने की हर चीज़ को देखकर हैरान होते थे। और आज के ज़माने का कम्पेरिज़न अपने ज़माने से करते थे।

माजिद मीर : ये उन ड्रामानिगारों की सतही सूझ-बूझ के नमूने हैं।

छाया : आज का बदला हुआ दौर देखकर मिर्ज़ा ग़ालिब को हैरान होते दिखाना न तो तंज़ है और न ही मज़ाह है। मैं तो कहती हूँ कि पचास बरस पहले मरा हुआ कोई आम आदमी भी आज के ज़माने में आ जाए तो बदलाव को देखकर हैरान हुए बग़ैर नहीं रह सकता। फिर भी शुक्र है कि ऐसे ड्रामों के दरमियान कुछ अच्छे और मैयारी ड्रामे भी लिखे गए हैं। कुछ फ़िल्में और सीरियल भी पेश किए गए हैं।

माजिद मीर : उनमें एक दूसरी ग़लती मिलती है। ग़ालिब की ज़िन्दगी में इश्क़ और रंगीनी पैदा करने के लिए गाने वाली तवाइफ़ डाल दी गई, जिसका

ग़ालिब की हक़ीक़ी ज़िन्दगी से कोई ताल्लुक़ नहीं था।

छाया : मेरा ख़याल है यह सिलसिला फ़िल्म मिर्ज़ा ग़ालिब से शुरू हुआ था, जिसकी कहानी उर्दू के अज़ीम अफ़सानानिगार सआदत हसन मंटो ने लिखी थी।

[ग़ालिब दोनों को बातें करते हुए हैरत से देखते रहते हैं।]

माजिद मीर : *(मुस्कुराते हुए)* और उस अज़ीम अफ़सानानिगार ने हमारे अज़ीम शायर की ज़िन्दगी को एक रंगीन अफ़साना बना दिया।

छाया : मैं नहीं मानती कि हक़ीक़तनिगार मंटो ने इतनी बड़ी ग़लती की होगी। कहीं न कहीं कुछ न कुछ तो ऐसा ज़रूर होगा जिसकी बुनियादपर मंटो ने फ़िल्म 'मिर्ज़ा ग़ालिब' की कहानी में एक गाने वाली का किरदार शामिल कर दिया।

माजिद मीर : हक़ीक़त सिर्फ़ इतनी है कि ग़ालिब साहब ने अपने एक ख़त में किसी दोस्त को यह लिख दिया था कि ये मुग़ल बच्चे भी अजीब होते हैं। जिस पर मरते हैं उसे मार रखते हैं। मैंने भी जवानी में एक डोमिनी को मार रखा था। सिर्फ़ इन दो-तीन जुमलों की बुनियाद पर मंटो ने फ़िल्म की कहानी में डोमिनी का किरदार शामिल कर दिया था।

[ग़ालिब चौंककर हैरत और दिलचस्पी से उसकी तरफ़ देखते हैं।]

छाया : डोमिनी मींस? मैं समझी नहीं।

माजिद मीर : डोमनियाँ और मीरासनें निचले तबके की वे औरतें होती थीं जो शादी-ब्याह वग़ैरह के मौक़ों पर अमीरों के घरों में नाचने-गाने के लिए बुलवाई जाती थीं।

छाया : क्या वे पढ़ी-लिखी और तहज़ीब-याफ़्ता होती थीं?

माजिद मीर : क़तई नहीं। उस ज़माने में शरीफ घरानों में भी लड़कियों को पढ़ाने का रिवाज़ नहीं था। डोमनियों का तो ज़िक्र ही क्या?

छाया : फ़िल्म मिर्ज़ा ग़ालिब में तो डोमिनी को पढ़ी-लिखी और तहज़ीब याफ़्ता औरत दिखाया गया है।

माजिद मीर : इसे फ़िल्म की ज़रूरत और मंटो की ज़िहानत का करिश्मा समझिए।

छाया : *(हैरत से)* अच्छा। मेरा ख़याल है कि इस फ़िल्म के बाद से ही ग़ालिब के साथ डोमिनी का ज़िक्र होने लगा।

माजिद मीर : यह ग़ालिब और मंटो दो ग्रेट लोगों का मामला है। देखने वालों को तो तफ़रीह के लिए ऐसी ही चीज़ें दरकार होती हैं। *(एक तरफ़ देखते हुए एकदम खड़ा हो जाता है)* ओह हो... कॉमरेड...आदाब अर्ज़ आदाब अर्ज़।

[अधेड़ उम्र का एक शख़्स कुर्ता-पाजामा पहने, कन्धे पर झोला लटकाए हुए आता है। माजिद उसे अपनी जगह ऑफ़र करते हुए]

माजिद मीर : आइए...इधर आइए कॉमरेड। यहाँ तशरीफ़ रखिए। चाय तो पिएँगे न?

कॉमरेड : शुक्रिया। *(बैठता नहीं। खड़े-खड़े ही बात करता है।)* मैं चाय पीकर ही आ रहा हूँ उधर से। *(कहते हुए मिर्ज़ा ग़ालिब की तरफ़ ग़ौर से देखता है।)*

माजिद मीर : यह असदुल्लाह साहब हैं। मेरे मोहतरम बुज़ुर्ग। और यह छाया माथुर हैं। यूनिवर्सिटी में अंग्रेज़ी पढ़ाती है। *(फिर कॉमरेड का परिचय कराता है)* और आप कॉमरेड हिटलर हैं।

छाया : *(हैरत से दोहराती है)* कॉमरेड हिटलर!

माजिद मीर : नाम पर ग़ौर करोगी तो परेशान हो जाओगी। कि भला कोई कॉमरेड हिटलर कैसे हो सकता है? दरअसल यह उनका उर्फ़ है।

छाया : व्हाट ए वंडरफ़ुल कॉम्पोज़िशन ऑफ़ द वडर्स। कॉमरेड एंड हिटलर।

कॉमरेड : मैं एक ही वक्त में कॉमरेड और हिटलर दोनों हूँ। कॉमरेड इसलिए कि पक्का मार्क्सवादी हूँ और हिटलर इसलिए कि मेरे दिमाग़ में मार्क्सवादी विचारधारा को लेकर बड़ी सख़्ती है। ऐसी सख़्ती जो अपनी फ़स्ताई विचारधारा

को लेकर हिटलर के पास थी।

छाया : मैं तो समझी थी कि हिटलर आपका पैननेम यानी उपनाम है।

कॉमरेड : उपनाम रखने की ज़रूरत ही नहीं पड़ी। मेरे सख़्त मिज़ाज की वजह से दोस्तों ने मज़ाक़-मज़ाक़ में मुझे हिटलर कहना शुरू कर दिया। फिर यही मेरा उर्फ़ हो गया। और अब यह मेरे नाम का हिस्सा बन चुका है।

छाया : आप कॉमरेड हैं। हिटलर कहने पर क्या आपको बुरा नहीं लगता होगा?

कॉमरेड : क़तई नहीं। बल्कि अब तो यह सोचकर अच्छा लगता है कि मेरा नाम दुनिया के लिए एक नज़ीर बन गया है।

छाया : *(हैरत से)* वो कैसे?

कॉमरेड : ऐसे कि यह बताता है कि अगर कोई कॉमरेड अपनी विचारधारा में बहुत सख़्त हो जाता है तो वह हिटलर बन जाता है। हमारे लोगों में जब सख़्ती आई तो देखा नहीं कि सीपीआई जैसी बड़ी ऑल इंडिया पार्टी सिकुड़कर कछुवा बन गई। दूसरी पार्टियों में भी जब सख़्ती आई तो अवाम ने उन्हें भी हाशिये पर धकेल दिया।

छाया : आप ठीक कह रहे हैं। देखिए ना आपकी विचारधारा के नक़्क़ादों ने ग़ालिब जैसे शायर को जागीरदाराना तहज़ीब का नुमाइन्दा क़रार दिया था।

माजिद मीर : लेकिन बाद में उन्होंने मान लिया कि ग़ालिब इंसानियत परस्त शायर है।

कॉमरेड : मुझे तो ग़ालिब की सबसे अच्छी बात यह लगती है कि वो मज़हब को अपने सिर पर लादकर नहीं चला। उसने अपनी शायरी में कई जगह मज़हब की मुख़ालिफ़त भी की है। *(अचानक कॉमरेड का मोबाइल फ़ोन बज उठता है। वह मोबाइल कान से लगाकर हाँ... हाँ... मैं आ रहा हूँ... कहता हुआ एक तरफ़ को चला जाता है।)*

[धीरे-धीरे अँधेरा हो जाता है।]

पाँचवाँ दृश्य

[ख़ुफ़िया पुलिस का दफ़्तर। ऑफ़िसर की कुर्सी ख़ाली है। उसके सामने वाली कुर्सियों पर सादा लिबास पहने दो आदमी बैठे बातें कर रहे हैं।]

पहला : मैं आजकल मंडी हाउस एरिया वॉच कर रहा हूँ। कल वहाँ एक ऐसा आदमी नज़र आया जो मेरे ज़हन में उलझन पैदा कर रहा है।

दूसरा : क्या मतलब?

पहला : बहुत अजीब। पुराने लोगों जैसा। लेकिन जाना-पहचाना सा लगता था। कल से वही मेरे ज़हन पर छाया हुआ है, लेकिन याद नहीं आता कि मैंने उसे पहले कहाँ देखा था?

दूसरा : हो सकता है उस जैसी शक्ल का कोई आदमी या उसकी तस्वीरें देखी हो।

पहला : वह कुछ अजीब-सा था। मैं बयान नहीं कर सकता।

दूसरा : उसे कब और किसके साथ देखा था?

पहला : कॉमरेड हिटलर और दो स्टूडेंट टाइप लोगों के साथ

दूसरा : हो सकता है वह स्कूल ऑफ़ ड्रामा का कोई स्टूडेंट हो और मेकअप उतारे बगैर मंडी हाउस में घूम रहा हो। कई स्टूडेंट ऐसा करते हैं।

पहला : यह हो सकता है। लेकिन गोल टोपी के अलावा उसके सारे कपड़े पुराने ज़माने के नवाबों जैसे थे।

[पुलिस अफ़सर आता है। दोनों खड़े होकर उसे सैल्यूट करते हैं।]

अफ़सर : *(दूसरे आदमी को सम्बोधित करके)* निज़ामुद्दीन एरिये की निगरानी तुम ही कर रहे हो न?

दूसरा : जी सर।

अफ़सर : कल वहाँ एक सन्दिग्ध बूढ़ा देखा गया है। ओल्ड स्टाइल के कपड़े और मुसलमानी गोल टोपी पहने हुए। शक्ल से कश्मीरी मालूम होता था। उसके बारे में क्या रिपोर्ट है?

दूसरा : सर, ऐसे हुलिये वाले लोग तो वहाँ सुबह से रात तक हर रोज़ मज़ार और तब्लीगी मरकज़ में आते-जाते रहते हैं।

अफ़सर : *(सख़्त लहज़े में)* अपनी आँखें और कान खुले रखो। वहाँ तुम्हारी ड्यूटी क्यों लगाई गई है... मालूम है ना?

दूसरा : *(सहमकर)* जी सर।

अफ़सर : सुनो! यूनिवर्सिटी में देशविरोधी नारों का मामला सामने आने के बाद से वहाँ के कुछ स्टूडेंट्स की सरगर्मियों पर ख़ास नज़र रखी जा रही है।

दूसरा : जी सर।

अफ़सर : रिपोर्ट मिली है कि वहाँ का एक कश्मीरी स्टूडेंट संदिग्ध बूढ़े के साथ कैम्पस में घूमता हुआ पाया गया। फिर वो दोनों पाकिस्तान एम्बेसी गए, जहाँ उन्होंने किसी शख़्स को एक लिफ़ाफ़ा दिया, और फिर वो दोनों हज़रत निज़ामुद्दीन तक जाने का किराया तय करके एक ऑटो में बैठकर चले गए। वहाँ ये दोनों तुम्हारी नज़र से ज़रूर गुज़रे होंगे?

दूसरा : सर, ऐसे सन्दिग्ध लोग निज़ामुद्दीन एरिये में आते तो हमारी पैनी नज़रों से नहीं बच पाते। हो सकता है वो कहीं और गए हों। अभी मंगतराम बता रहा था कि उसे कल रात मंडी हाउस इलाक़े में एक सन्दिग्ध बूढ़ा...

अफ़सर : *(सख़्त लहज़े में)* मैं तुमसे जो पूछ रहा हूँ वही बताओ।

दूसरा : सॉरी सर। परसों के दिन हज़रत निज़ामुद्दीन में ऐसे लोग मेरी नज़र में नहीं आए।

अफ़सर : इसीलिए कहता हूँ कि अपनी आँखें और कान हमेशा खुले रखो। वो सन्दिग्ध बूढ़ा एक कश्मीरी स्टूडेंट के साथ कई दिनों से यूनिवर्सिटी हॉस्टल में विदआउट परमिशन रह रहा है। उन दोनों के बारे में सारी इंफोर्मेशन हासिल करो।

पहला : सर, कल रात मंडी हाउस में नज़र आने वाले जिस बूढ़े की मैं बात कर रहा था, उसके साथ दो स्टूडेंट भी थे। एक लड़का और एक लड़की। लड़का कश्मीरी लगता था। वह कॉमरेड हिटलर की जान-पहचान वाला था।

अफ़सर : उस कश्मीरी लड़के के साथ एक लड़की भी देखी गई। अभी तो कई परतें खुलनी हैं। उनके बारे में और जानकारी इकट्ठा करो। अपने इलाक़ों के सीसीटीवी कैमरे भी ज़रूर चेक करो। यूनिवर्सिटी और एम्बेसी वाले कैमरे मैं ख़ुद चेक करा लूँगा।

दूसरा : यस सर।

अफ़सर : मुझे इस मामले के पीछे कोई बड़ी साजिश नज़र आ रही है। तुम्हें बहुत हुशियारी से काम करने की ज़रूरत है। समझे।

दूसरा : यस सर।

[धीरे-धीरे अँधेरा हो जाता है।]

छठा दृश्य

[कॉफ़ी हाउस में एक मेज़ के आस-पास तीन लोग बैठे हैं। माजिद मीर अपने साथ मिर्ज़ा ग़ालिब को लेकर आता है। दूर ही से हाथ उठाकर सबको आदाब करता है।]

एक शख़्स : *(माजिद मीर से)* आज रास्ता भूलकर इधर कॉफ़ी हाउस कैसे आ निकले?

माजिद मीर : *(मिर्ज़ा ग़ालिब की तरफ़ इशारा करके)* अपने इन मेहमान को पुरानी देहली ले गया था। ग़ालिब की हवेली दिखाने के लिए। *(एक कुर्सी खींचकर मिर्ज़ा ग़ालिब को बैठने का इशारा करता है और ख़ुद दूसरी कुर्सी पर बैठ जाता है।)*

दूसरा शख़्स : लाहौल विला क़ुव्वत...वह भी कोई दिखाने की चीज़ है?

पहला शख़्स : बड़ी कोफ़्त हुई होगी उसे देखकर। सुना है नौकरों-चाकरों के रहने का जो हिस्सा था, उसे

ग़ालिब की हवेली बताया जा रहा है।

दूसरा शख़्स : अजी वहाँ है क्या? सिर्फ़ दीवारें हैं, जिन पर ग़ालिब के प्रिंटेड फ़ोटो लटका दिए गए हैं और ग़ालिब पर लिखी हुई कुछ किताबें रख दी गई हैं। उस पर तुर्रा यह कि देहली गवर्नमेंट हर साल दो-चार नामी-गिरामी लोगों को बुलाकर उनसे तक़रीरें करा देती है।

पहला शख़्स : टीवी और अखबारों में ख़बरें आ जाती हैं...बस हो गया यौम-ए-ग़ालिब।

तीसरा शख़्स : और उर्दू वाले इसी पर ख़ुश...

दूसरा शख़्स : ग़ालिब ने दिल्ली में अपनी सारी उम्र किराये के मकानों में गुज़ारी। उनकी अपनी हवेली थी ही कहाँ?

पहला शख़्स : भाई वोटों की राजनीति जो कराए सो कम है। आँखों में धूल झोंक रही है दिल्ली सरकार।

दूसरा शख़्स : ग़ालिब के नाम पर उर्दू वालों के साथ भद्दा मज़ाक़ किया जा रहा है। मुझे तो ग़ुस्सा आता है ऐसी बातों पर। मगर उर्दू वाले हैं कि...

तीसरा शख़्स : अजी उर्दू वालों को पूछता कौन है? इतने बड़े शाइर के नाम पर आज तक न तो सेंटर गवर्नमेंट ने कोई यादगार क़ायम की और न ही दिल्ली सरकार ने।

दूसरा शख़्स : और शहरों की तो छोड़ो...दिल्ली में कोई स्कूल-कॉलेज, कोई इमारत, पार्क या सड़क तक नहीं है इस अज़ीम शाइर के नाम पर।

पहला शख़्स : हद हो गई, तंग-ज़हनी और बेहिसी की।

तीसरा शख़्स : दिल्ली में ग़ालिब एकेडमी और ग़ालिब इंस्टीट्यूट ज़रूर हैं लेकिन दोनों ग़ैर-सरकारी हैं, जो उर्दू वालों ने ख़ुद क़ायम किए हैं।

दूसरा शख़्स : सरकार ने ग़ालिब की ज़बान का यह हाल कर दिया है कि उर्दू स्कूल क़ायम नहीं करती, जो स्कूल पहले से हैं उनकी हालत भी ख़राब है। उर्दू टीचर्स अपॉइंट नहीं किए जाते। बच्चों को उर्दू की किताबें तक मुहैया नहीं कराई जातीं। बहुत बुरी हालत है।

तीसरा शख़्स : तिस पर दावा किया जाता है कि दिल्ली में उर्दू को दूसरी सरकारी ज़बान का दर्जा हासिल है।

पहला शख़्स : सब बकवास है। बेशर्म और बेईमान हैं सारे के सारे। बस ज़बानी जमा ख़र्च करते रहते हैं।

दूसरा शख़्स : *(माजिद मीर से)* अरे माजिद मीर, तुमने अब तक अपने इन मेहमान बुज़ुर्ग का तार्रुफ़ नहीं कराया?

माजिद मीर : यह मेरे अज़ीज़, मोहतरम असदुल्लाह साहब हैं।

पहला शख़्स : असदुल्लाह ग़ालिब?

माजिद मीर : *(मुस्कुराकर)* यही समझ लीजिए।

दूसरा शख़्स : *(ग़ालिब की तरफ़ ग़ौर से देखते हुए)* मुझे तो इनकी शक्ल भी मिर्ज़ा ग़ालिब से मिलती-जुलती लग रही है।

पहला शख़्स : ग़ालिब से नहीं तो क्या रवीन्द्रनाथ टैगोर से मिलती नज़र आएगी।

तीसरा शख़्स : टैगोर से तो देवेन्द्र सत्यार्थी की शक्ल मिलती है।

पहला शख़्स : हाँ। मेरी मुलाक़ात उनसे यहीं हुई थी। बहुत

ज़हीन और हाज़िर-दिमाग़ आदमी थे सत्यार्थी। तीन-तीन ज़बानों में लिखा करते थे।

तीसरा शख़्स : मंटो तो उनको 'फ्रॉड' कहा करता था।

दूसरा शख़्स : मंटो ख़ुद कम फ्रॉड था क्या? सत्यार्थी तो उसके सामने कुछ भी नहीं।

पहला शख़्स : सुना है पाकिस्तानी शायरा सारा शगुफ़्ता जब यहाँ आई थी तो उसने सत्यार्थी से मुतास्सिर होकर उसे अपना बाप बना लिया था।

दूसरा शख़्स : सारा जैसी जवान शायरा इतने बूढ़े टैगोर आदमी को बाप नहीं तो और क्या बनाती? *(सब हँसते हैं।)*

तीसरा शख़्स : लेकिन यह बात समझ में नहीं आती कि इतनी ज़हीन शायरा ने पाकिस्तान लौट जाने के बाद ख़ुदकुशी क्यों कर ली?

दूसरा शख़्स : ज़हीन लोग कभी भी कुछ भी कर बैठते हैं। कुछ पर्सनल प्रॉब्लम्स रही होंगी, बेचारी की।

पहला शख़्स : सुना है ट्रेन की पटरियों पर लेट गई थी। और उसका जिस्म तीन टुकड़ों में...

तीसरा शख़्स : *(हाथ उठाकर)* बस बस...रहने दो...और ज़िक्र न करो उसका।

पहला शख़्स : लोग उसकी नज़्मों को सेंसलेस और अर्थहीन कहा करते थे। लेकिन अब देखो उसके मरने के बाद अदब के नक़्क़ाद *(क्रिटिक)* उन नज़्मों में से कैसे-कैसे मायने निकाल रहे हैं।

दूसरा शख़्स : यह तो होता ही है। मिर्ज़ा ग़ालिब की ज़िन्दगी में उनके साथ भी तो ऐसा ही होता रहा था। लोगों

ने उनके कलाम को मोहमल और बेमानी कहा था जिस पर ग़ालिब को झल्लाकर यह कहना पड़ा था कि—

न सही गर मेरे अशआर में मानी, न सही

पहला शख़्स : और तो और हकीम आग़ा जान ऐश ने तो ग़ालिब की शायरी का मज़ाक़ उड़ाने के लिए एक मसख़रे को 'हुद हुद ऊश शोरा' नाम देकर उनके पीछे लगा दिया था।

तीसरा शख़्स : उसी ज़माने में ग़ालिब पर तंज़ करते हुए किसी ने यह भी कहा था कि—

मज़ा कहने का जब है इक कहे और दूसरा समझे
मगर अपना कहा ये आप समझें या ख़ुदा समझे

दूसरा शख़्स : लेकिन अब किसी को उन लोगों के नाम तक नहीं मालूम, और मिर्ज़ा ग़ालिब का नाम दुनिया जानती है।

पहला शख़्स : ग़ालिब और उनकी शायरी पर किताबें लिख-लिखकर कुछ लोग तो माहिर-ए-ग़ालिब की हैसियत से मशहूर हो गए हैं।

तीसरा शख़्स : अब तो ग़ालिब के माहिरों की एक ट्रेडिशन बन गई है। उनमें ज़्यादातर लोग ऐसे हैं जिन्होंने ज़िन्दगी भर एक भी ग़ज़ल नहीं लिखी होगी। बस घुमा-फिरा कर ग़ालिब की ज़िन्दगी और उनकी शायरी पर लिखते रहे और माहिर-ए-ग़ालिब की हैसियत से इतने मशहूर हो गए कि

उर्दू लिटरेचर की हिस्ट्री तक में उनके नाम आने लगे हैं।

पहला शख़्स : यार लोगों ने तख़्लीक़ी काम किए बग़ैर अदब में नाम कमाने का क्या ख़ूब शॉर्टकट निकाला है।

तीसरा शख़्स : ये सब अदब के मुख़न्नस यानी हिजड़े हैं।

दूसरा शख़्स : *(हँसकर)* मालूम है कि एक दिन यहाँ कॉफ़ी हाउस में कुछ हिजड़े आ गए थे।

पहला शख़्स : *(हैरत से)* कॉफ़ी हाउस में हिजड़े! हा-हा-हा... देवेन्द्र सत्यार्थी होते तो इस उनवान पर एक अफ़साना लिख डालते।

दूसरा शख़्स : मुझे यह बताओ कि हिजड़े यानी मुख़न्नस कहाँ नहीं हैं। ग़ौर करो तो हमारे चारों तरफ़ ऐसे ही लोग नज़र आएँगे। इन्हीं नामर्दों की वजह से देश का यह हाल हुआ है कि लीडर, अफ़सर, पुलिस वाले सबके सब करप्ट हो गए हैं।

पहला शख़्स : इसमें उनका क्या दोष? हम सभी इन हालात के ज़िम्मेदार हैं।

तीसरा शख़्स : बिलकुल सही, हम ख़ामोश रहकर सब कुछ सहने के आदी हो गए हैं। कुछ कहने और प्रोटेस्ट करने की ताक़त खो चुके हैं। हम सब भी नामर्द हैं।

पहला शख़्स : *(क़दरे ग़ुस्से में)* तुम अपनी कहो सबको क्यों घसीट रहे हो?

दूसरा शख़्स : इसलिए कि सब नामर्द हैं। तुम भी नामर्द हो।

पहला शख़्स : *(तैश में आकर ऊँची आवाज़ में)* दिखाऊँ तुझे अपनी मर्दानगी?

दूसरा शख़्स : यह गीदड़ भभकी किसी ओर को देना। जब मर्दानगी होगी तभी तो दिखाएगा ना?

पहला शख़्स : अभी दिखाता हूँ तुझे। *(कहकर ग़ुस्से में अपनी कुर्सी से उठने लगता है।)*

दूसरा शख़्स : अबे जा, तुझ जैसे बहुत देखे हैं। *(आस्तीन चढ़ाता हुआ उठ खड़ा होता है। लोग बीच-बचाव करा के दोनों को बिठा देते हैं।)*

तीसरा शख़्स : ज़बान से बात करो। लड़ाई-झगड़ा करना कॉफ़ी हाउस कल्चर के ख़िलाफ़ है। अब कुछ और बातें की जाएँ। *(एक तरफ़ ग़ौर से देखते हुए इशारा करके)* लो वह मजनू मुरादाबादी आ गए।

दूसरा शख़्स : ओहो...आइए-आइए मजनू साहब।

[सब बैठे-बैठे ही उनका इस्तिक़बाल करते हैं। मजनू साहब पास रखी हुई एक कुर्सी खींचकर बैठ जाते हैं।]

पहला शख़्स : मजनू साहब आज तो आप सेमिनार में गए थे। कैसा रहा आपका पेपर? लगता है सेमिनार लूटकर आ रहे हो?

मजनू : सेमिनार लूटकर नहीं, वहाँ से लुटकर आ रहा हूँ। मेरा तो मूड ख़राब हो गया। सोचा कॉफ़ी हाउस आकर कोफ़्त दूर करता चलूँ।

तीसरा शख़्स : यानी यहाँ अपना ग़म ग़लत करने आए हो।

मजनू : यही समझ लो। कमबख़्तों ने मेरा पेपर लंच के बाद वाले सेशन में रख दिया। पहले सेशन में लोगों के सतही पेपर सुन-सुनकर बोर होता रहा। बाद वाले सेशन की बात ना ही सुनो तो बेहतर है।

पहला शख़्स : सुनाने की क्या ज़रूरत? लंच के बाद सुनने वाले ही कितने रह जाते हैं? और जो रुकते हैं वे ऊँघने के मूड में होते हैं। पेपर कौन सुनता है। *(सब हँसते हैं।)*

तीसरा शख़्स : लेकिन सेमिनार फिर भी होते रहते हैं। आज यहाँ तो कल वहाँ, और पेपर पढ़ने वाले वही चन्द लोग होते हैं। आम तौर से थर्ड क्लास पेपर पढ़े जाते हैं। लिखने वाले ऐसे पेपर लिखते हैं कि उनमें टॉपिक से मुत्तालिक कोई नई बात नहीं होती। बस पहले ही लिखी-छपी बातें अल्फ़ाज़ बदल-बदलकर बयान कर देते हैं।

दूसरा शख़्स : मैं तो कहता हूँ कि इन प्रोफ़ेसर लोगों ने मुशायरों के तोड़ पर अपने लिए यह रास्ता निकाल लिया है ताकि अदबी दुनिया में उनका दबदबा क़ायम रहे।

पहला शख़्स : वो तो है। लेकिन मामूली से मामूली मुशायरों में भी सेमिनारों से कई गुना ज़्यादा लोग शरीक होते हैं। हालाँकि वहाँ लंच और डिनर वग़ैरह का लालच भी नहीं होता।

मजनू : सच तो यह है कि मुशायरों में जो मज़ा है वह सेमिनारों में नहीं।

दूसरा शख़्स : मैं तो कहता हूँ कि सेमिनारों का सिलसिला बन्द कर दिया जाना चाहिए।

तीसरा शख़्स : यह कारोबार इतना बढ़ चुका है कि अब ख़त्म नहीं हो सकता। वैसे सच पूछो तो मुशायरों का हाल भी बद से बदतर होता जा रहा है। गलेबाज़ लोग दूसरों से ग़ज़लें लिखवाकर मुशायरों में सुनाने चले आते हैं। इस मैदान में औरतें भी पीछे नहीं।

मजनू : अब तो सेमिनारों में भी ऐसा ही होने लगा है। वहाँ जाने से बेहतर है कि आदमी यहाँ कॉफ़ी हाउस में चला आए। उन सेमिनारों से ज़्यादा बेहतर और ओरिजनल बातें होती हैं यहाँ।

पहला शख़्स : अब ऐसा भी नहीं है।

मजनू : अब नहीं है, लेकिन पहले यहाँ बड़े-बड़े अदीब-ओ-शाइर आते रहते थे। कॉफ़ी हाउस की शोहरत उन्हीं की वजह से हुई है।

दूसरा शख़्स : लेकिन अब तो मैयार दिन पर दिन गिरता जा रहा है।

तीसरा शख़्स : कॉफ़ी हाउस के मैयार की ही बात नहीं, अब तो ज़िन्दगी का मैयार ही गिरता जा रहा है।

मजनू : यानी कि—

गिर रहा है दिन ब दिन मैयार-ए-ज़ीस्त
ज़िन्दगी गोपाल - मित्तल हो गई

[सब हँसते हैं। धीरे-धीरे अँधेरा हो जाता है।]

सातवाँ दृश्य

[माजिद मीर का कमरा। माजिद कंघा कर रहा है। मिर्ज़ा ग़ालिब और छाया भी बैठे हैं।]

माजिद मीर : मिर्ज़ा साहब, आज हम जहाँ जा रहे हैं वहाँ आप एक और अनोखे तजुर्बे से गुज़रेंगे। यानी हमारे साथ आम लोगों के दरमियान बैठकर यह सुनेंगे कि आपकी शायरी ने हिन्दुस्तानी फ़ुनून-ए-लतीफ़ा यानी आर्ट्स पर कैसे-कैसे असर डाले हैं।

छाया : वहाँ बड़े-बड़े फ़नकार यह बताएँगे कि मिर्ज़ा ग़ालिब की शायरी को मौसिकार, रक़्क़ास, मुसव्विर और बुतगर वग़ैरह अपने-अपने फ़नों में किस तरह पेश करते रहे हैं।

[मिर्ज़ा ग़ालिब उसकी तरफ़ देखते हैं।]

माजिद मीर : मज़े की बात यह होगी कि उनमें से किसी को भी यह मालूम नहीं होगा कि जिस अज़ीम शायर

के बारे में यह सारी गुफ़्तगू हो रही है, वो ख़ुद भी यहाँ आम लोगों के बीच बैठा हुआ उनकी बातें सुन रहा है।

[दोनों हँसते हैं। ग़ालिब के चेहरे पर भी हल्की-सी मुस्कुराहट आ जाती है।]

मिर्ज़ा ग़ालिब : तो फिर क्यों न मैं वहाँ अपनी असली हैसियत से चलूँ?

माजिद मीर : नहीं नहीं। उससे बड़ी गड़बड़ी हो सकती है। पता नहीं क्या नतीजा निकले?

छाया : जो भी नतीजा निकले, यह तो ज़ाहिर है कि फिर ग़ालिब साहब से हमारा साथ छूट जाएगा। और यह मुझे क़तई मंज़ूर नहीं।

माजिद मीर : और मुझे भी बिलकुल मंज़ूर नहीं।

मिर्ज़ा ग़ालिब : *(छाया की तरफ़ देखते हुए अपनी टोपी उठाकर)* ख़ैर, मैं अपनी यह टोपी साथ रख लेता हूँ। *(माजिद मीर से)* तुम्हारी दी हुई यहूदी टोपी से मेरा जी ऊब गया है।

माजिद मीर : ऐसी बात है तो रख लीजिए। लेकिन उसे वहाँ पहनना मुनासिब न होगा। लोग देखकर हैरान हो जाएँगे और एक हंगामा बरपा हो सकता है।

छाया : *(अपना मोबाइल देखते हुए)* चलिए। हमारी कैब आ चुकी है।

[तीनों जाने के लिए उठ खड़े होते हैं। धीरे-धीरे अँधेरा हो जाता है।]

आठवाँ दृश्य

[सेमिनार रूम में मेज़ों के दोनों तरफ़ तीन-तीन विद्वान बैठे हुए हैं। बीच में एक लेडी माइक हाथ में लिये हुए बैठी है।]

लेडी : लेडीज़ एंड जैंटलमैन, आप जानते ही हैं कि मिर्ज़ा ग़ालिब का शुमार दुनिया के महान शाइरों में किया जाता है। उनकी शाइरी ने शेर-ओ-अदब के अलावा हमारी ललित कलाओं, जैसे—संगीत, नृत्य, नाट्यकला, चित्रकला, मूर्तिकला और मॉस-मीडिया ख़ासतौर पर रेडियो, फ़िल्म, टीवी सीरियल और डॉक्यूमेंट्रीज़ वग़ैरह को किस-किस तरह प्रभावित किया है, इस विषय पर गुफ़्तगू के लिए हमने अपने मुल्क की कुछ नामचीन हस्तियों को इनवाइट किया है, जो स्टेज पर आपके सामने मौजूद हैं। *(तालियाँ)* सबसे पहले मैं संगीत की दुनिया के जाने-माने उस्ताद अमानत हिलाल ख़ाँ साहब से दरख़्वास्त

करूँगी कि सेमिनार का आग़ाज़ करते हुए वह यह बताएँ कि ग़ालिब की शाइरी ने हिन्दुस्तानी संगीत से अपना रिश्ता कैसे क़ायम किया है और उसे कितना मुतास्सिर किया?

उस्ताद अमानत : *(दर्शकों को आदाब करने के बाद)* हिन्दुस्तानी संगीत के साथ ग़ालिब का रिश्ता उनकी ज़िन्दगी में ही क़ायम हो गया था। देहली और देहली के बाहर भी उनकी ग़ज़लें गाई जाती थीं। बाद में बीसवीं सदी के शुरुआती बरसों में ग़ालिब की ग़ज़लों ने गायकी में विशेष जगह बनानी शुरू कीं। कुन्दनलाल सहगल, बेगम अख़्तर, तलत महमूद और सुरैया वग़ैरह की गाई हुई ग़ज़लों से ग़ज़ल गायकी का नया दौर शुरू होता है। पहले ग्रामोफ़ोन कम्पनियों के रिकॉर्ड्स और फिर रेडियो और कैसेट्स के चलन के साथ ग़ालिब की ग़ज़लें मुल्क के कोने-कोने में पहुँच गई। उन ग़ज़लों को आज भी बड़े शौक़ से सुना जाता है। कुन्दन लाल सहगल वग़ैरह के बाद मोहम्मद रफ़ी, लता मंगेशकर, मेहंदी हसन, नैना देवी, ग़ुलाम अली और जगजीत सिंह वग़ैरह के अलावा कव्वालों ने भी इस रिवायत को आगे बढ़ाने में बड़ा योगदान दिया है। मौजूदा दौर में ग़ज़लें गाने वाले बेशुमार फ़नकार मौजूद हैं, जिनके फ़न से ग़ालिब की शाइरी और ग़ालिब की शाइरी से उनकी गायकी चमक रही है। हम सब इसके

गवाह हैं। *(फिर तालियाँ)*

लेडी : अब मैं नाटक समीक्षक डॉ. नागेश्वर को आमंत्रित करती हूँ। वे बताएँगे कि नाटकों और थियेटर से ग़ालिब की शाइरी का क्या रिश्ता रहा है।

नागेश्वर : *(आदाब अर्ज़ करने के बाद)* मिर्ज़ा ग़ालिब की ज़िन्दगी और उनकी शाइरी को लेकर अब तक बेशुमार ड्रामे लिखे जा चुके हैं। उनमें से कुछ छप चुके हैं, जिनका मंचन भी होता रहा है। उनमें मंजू क़मर, सैयद मोहम्मद मेहदी, हबीब तनवीर, मोहम्मद हसन, प्रो. सादिक़ और सुरेन्द्र वर्मा वग़ैरह के लिखे हुए नाटक अहम हैं। इन नाटकों के लेखकों ने मिर्ज़ा ग़ालिब को आम लोगों तक पहुँचाने की कामयाब कोशिशें की हैं। टीवी पर हर साल ग़ालिब की शाइरी और उनकी शख़्सियत पर विशेष कार्यक्रम होते रहे हैं। फ़िल्में और डॉक्यूमेंट्रियाँ भी बनाई गई हैं। गायक और गायिकाएँ उनकी ग़ज़लें पेश करते रहे हैं। एक बेहतरीन सीरियल भी टेलीकास्ट हुआ है, जिसमें नसीरुद्दीन शाह ने ग़ालिब का किरदार अदा किया है। ग़ालिब को आम लोगों से परिचित कराने में इस सीरियल का बड़ा रोल रहा है।

लेडी : ख़ुशक़िस्मती से हमारे बीच डॉ. राधा रमन भी मौजूद हैं। उन्होंने भारतीय चित्रकला का इतिहास लिखा है। मैं उनसे गुज़ारिश करती हूँ

कि वे चित्रकला के साथ ग़ालिब की शाइरी के रिश्तों पर रोशनी...

[अचानक एक तरफ़ से शोर की आवाज़ें बुलन्द होती हैं। स्टेज पर बैठे हुए सब लोग उधर देखने लगते हैं। एक-दो खड़े भी हो जाते हैं।]

लेडी : प्लीज़...प्लीज़...बैठ जाइए। शोर न मचाइए। देखिए...देखिए...मैं आपसे दरख़्वास्त करती... *(शोर बढ़ता जाता है। स्टेज पर मौजूद सब लोग खड़े होकर देखने लगते हैं। शोर के बीच कुछ आवाज़ें उभरती हैं।)*

एक आवाज़ : अरे ये तो मिर्ज़ा ग़ालिब हैं।

बहुत सी आवाज़ें : ग़ालिब...ग़ालिब...मिर्ज़ा ग़ालिब।

दूसरी आवाज़ : मिर्ज़ा ग़ालिब कैसे हो सकते हैं?

आवाज़ें : ग़ालिब...ग़ालिब...मिर्ज़ा ग़ालिब।

तीसरी आवाज़ : ग़ालिब को मरे हुए तो एक ज़माना गुज़र गया।

आवाज़ें : मिर्ज़ा ग़ालिब...ग़ालिब...ग़ालिब।

दूसरी आवाज़ : यह तो कोई बहरूपिया लगता है?

चौथी आवाज़ : मैं कह रहा हूँ मिर्ज़ा ग़ालिब हैं।

आवाज़ें : ग़ालिब...ग़ालिब...

पाँचवीं आवाज़ : ग़ालिब के भेष में कोई और शख़्स आ गया है। ग़ालिब नहीं हो सकते?

आवाज़ें : ग़ालिब...ग़ालिब...मिर्ज़ा ग़ालिब।

[धीरे-धीरे अँधेरा हो जाता है।]

नौवाँ दृश्य

[ख़ुफ़िया पुलिस का दफ़्तर। ऑफ़िसर अपने दो मातहतों के साथ बैठा है।]

ऑफ़िसर : ख़ुफ़िया पुलिस में काम करते हुए तुम्हें लम्बा समय हो गया है। उम्मीद की जाती थी कि जो काम तुम्हें सौंपा जाएगा उसकी तह तक पहुँचकर नई इंफोर्मेशन लाते रहोगे।

मातहत एक : जी, मैं वही करने की कोशिश कर रहा हूँ। मैंने उस सन्दिग्ध बूढ़े और लड़की के बारे में कुछ नई बातें मालूम की हैं।

ऑफ़िसर : क्या मालूम किया है?

मातहत एक : यूनिवर्सिटी हॉस्टल में आने से पहले वो दोनों साउथ देहली के होटल 'मेज़बान' में दिखाई दिए थे। होटल के काउंटर पर बैठे रिसेप्शनिस्ट और एक वेटर ने ग़ालिब के भेस में एक शख़्स को उस लड़की के साथ होटल से निकलकर टैक्सी में बैठते हुए देखा था। यह भी पता चला

है कि उस ग़ालिब के भेस में नज़र आने वाले उस आदमी को होटल में आते हुए किसी ने भी नहीं देखा।

ऑफ़िसर : क्या वो लड़की उसी होटल में ठहरी हुई थी?

मातहत एक : नहीं सर। वह कमरा नम्बर 13 में ठहरे हुए लोगों से मिलने आई थी।

ऑफ़िसर : कमरा नम्बर 13 में कौन लोग ठहरे हुए थे? कमरा किसने बुक कराया था? तुमने उनका रिकॉर्ड हासिल किया?

मातहत एक : यस सर, विष्णु प्रसाद नाम के एक शख़्स ने बुक कराया था। और वह अपने बेटे के साथ रात गए तक वहाँ ठहरा हुआ था।

ऑफ़िसर : ये लोग कहाँ से आए थे?

मातहत एक : दोनों देहली के ही हैं। चिराग़ दिल्ली के क़रीब अपने ख़ुद के फ़्लैट में रहते हैं। कमरा सिर्फ़ एक दिन के लिए बुक कराया गया था।

ऑफ़िसर : *(कुछ सोचते हुए)* मेरा शक अब यक़ीन में बदलता नज़र आ रहा है, क्योंकि उसी इलाक़े में अपना ज़ाती फ़्लैट होते हुए उन्होंने होटल में कमरा क्यों बुक कराया था?

मातहत एक : यह अभी मालूम नहीं हो सका है सर। तफ़्तीश जारी है।

ऑफ़िसर : यह भी मालूम करो कि होटल में उनसे मिलने कौन-कौन आया था?

मातहत एक : उस लड़की के अलावा और कोई नहीं आया। लड़की के चले जाने के दो-तीन घंटे बाद वो

दोनों भी होटल छोड़कर चले गए थे। हमने रजिस्टर चेक कर लिया है। उसमें चेक आउट टाइम साढ़े ग्यारह बजे का लिखा है।

ऑफ़िसर : होटल के सीसीटीवी कैमरों की जाँच की या नहीं? कमरा बुक कराए जाने के बाद उसमें कौन-कौन आया था?

मातहत एक : पहले विष्णु प्रसाद अपने बेटे के साथ आया। उनके बाद केवल वो लड़की आई थी।

ऑफ़िसर : लड़की के साथ कोई और भी था क्या?

मातहत एक : नहीं सर, वो अकेली आई थी, लेकिन जब वो गई तो उसके साथ एक बूढ़ा आदमी भी था। मिर्ज़ा ग़ालिब के भेष में।

ऑफ़िसर : सीसीटीवी में उसकी तस्वीरें देखकर तुमने क्या अन्दाज़ा लगाया?

मातहत एक : *(हैरत का इज़हार करते हुए)* सीसीटीवी कैमरे में हमें बूढ़ा कहीं नज़र नहीं आया।

ऑफ़िसर : तो फिर तुम्हें कैसे पता चला कि जाते वक़्त उस लड़की के साथ बूढ़ा भी था?

मातहत एक : हमें यह बात होटल के वर्करों से मालूम हुई। उन्होंने ख़ुद उसे जाते हुए देखा था। अपनी आँखों से।

ऑफ़िसर : कैसी बहकी हुई बातें कर रहे हो? उन्होंने लड़की के साथ एक बूढ़े को तो जाते देखा, लेकिन सीसीटीवी में उस बूढ़े की कोई तस्वीर नहीं? यह कैसे हो सकता है?

मातहत एक : ख़ुद मुझे भी हैरत है। होटल के वर्कर्स में से दो

लड़कों ने उस लड़की और बूढ़े को होटल से निकलकर कार में बैठते हुए देखा था।

ऑफ़िसर : उस लड़की के बारे में और क्या मालूम हुआ?

मातहत दो : सर, वो डिफ़ेंस मिनिस्टरी के एक बड़े अफ़सर की बेटी है। कॉलेज में पढ़ाती है।

ऑफ़िसर : हूँ...*(कुछ सोचते हुए)* डिफ़ेंस मिनिस्ट्री के बड़े ऑफ़िसर की बेटी...और एक कश्मीरी स्टूडेंट...और वो सन्दिग्ध बूढ़ा...मुझे इन सबके तार आपस में जुड़ते हुए लग रहे हैं। तीनों पर कड़ी नज़र रखो। उनकी सारी एक्टिविटीज़ वॉच करते रहो।

मातहत दो : यस सर।

ऑफ़िसर : और हाँ, वो बूढ़ा कई दिनों से शहर में है। वो और भी तो कई जगहों पर गया होगा? क्या वहाँ के भी सीसीटीवी कैमरे चेक किए?

मातहत एक : नहीं किए सर। अब कर लेंगे।

ऑफ़िसर : यह केस दिन-ब-दिन पेचीदा होता जा रहा है। तुम लोग बिलकुल...*(अचानक फ़ोन की घंटी बजती है। ऑफ़िसर हैलो कहकर सुनता है। थोड़ी देर तक हाँ...हाँ...कहता रहता है। और फिर रिसीवर क्रेडिल पर रखने के बाद कहता है।)* अभी-अभी रिपोर्ट मिली है कि एक टीवी चैनल वाले उस बूढ़े तक पहुँच चुके हैं। अच्छा तो ये होता कि हम उसे पहले ही गिरफ़्तार कर लेते। *(अचानक मोबाइल बज उठता है। ऑफ़िसर मोबाइल ऑन करके कान से लगाता*

है) हैलो...हाँ...हाँ...क्या ख़बर है...? अच्छा... हाँ...हाँ हाँ...लेकिन कौन-सा टीवी चैनल है? ...हाँ प्रोग्राम की शूटिंग, रिकॉर्डिंग कब है? ...ठीक है ...ठीक है और कोई इन्फ़ॉर्मेशन?... हाँ तुम वॉच करते रहो...और मुझे भी इन्फ़ॉर्म करते रहो...ओ.के. *(मोबाइल ऑफ़ करके रख लेता है। फिर दोनों मातहतों को मुख़ातिब करके कहता है।)* तुम लोग इधर-उधर टामक-टोइयाँ मारते फिर रहे हो। उधर उस बूढ़े ने राइटर्स एसोसिएशन के एक प्रोग्राम में ख़ुद को मिर्ज़ा ग़ालिब डिक्लेयर कर दिया है। वहाँ बड़ा हंगामा हुआ और इससे पहले कि पुलिस वहाँ पहुँचे 'हंड्रेड परसेंट सच टीवी चैनल' वालों ने उसे कैप्चर कर लिया है और अपने स्टूडियो ले गए हैं। वे उसके साथ कोई प्रोग्राम रिकॉर्ड करने वाले हैं। *(दोनों मातहत हैरान होकर एक-दूसरे की तरफ़ देखते हैं।)* तुम लोग फ़ौरन जाओ और उस बूढ़े को टीवी स्टूडियो से बाहर निकलते ही गिरफ़्तार कर लो। *(दोनों ऑफ़िसर की तरफ़ देखते हैं)* मेरा मुँह क्यों तक रहे हो? जाओ, उसे फ़ौरन अरेस्ट कर लो।

[धीरे-धीरे अँधेरा हो जाता है।]

दसवाँ दृश्य

[टीवी स्टूडियो में बीच की कुर्सी पर मिर्ज़ा ग़ालिब बैठे हैं। इर्द-गिर्द की कुर्सियों पर चार टीवी एंकर्स बैठे हैं। उनमें एक लड़की भी है। उनसे परे दो कैमरामैन शूटिंग में व्यस्त हैं।]

पहला एंकर : नमस्कार। हंड्रेड परसेंट सच टीवी अपने दर्शकों का स्वागत करता है। पेश है हमारा ख़ासमख़ास प्रोग्राम 'सवालों के शिकंजे में'। *(इसके बाद म्यूज़िक)* आज हम आपके रू-ब-रू लाए हैं एक ऐसी महान लिटरेरी शख़्सियत को, जिसे देखकर आप हैरान रह जाएँगे। उस शख़्सियत का नाम है—मिर्ज़ा ग़ालिब।

एंकर दो : *हुई मुद्दत कि ग़ालिब मर गया, पर याद आता है।*
वो हर इक बात पर कहना कि 'यूँ होता तो क्या होता?'

अपने शेरों में बार-बार सवाल उठाने वाले अज़ीम शाइर मिर्ज़ा ग़ालिब आज आपको नज़र आएँगे 'सवालों के शिकंजे में'। हमारी इन्वेस्टिगेशन टीम करेगी सवालों पर सवाल और मिर्ज़ा ग़ालिब को देना होगा हर सवाल का जवाब। जिनसे होंगी बेशुमार सच्चाइयाँ बेनक़ाब।

एंकर तीन : *हैं और भी दुनिया में सुख़नवर बहुत अच्छे कहते हैं कि 'ग़ालिब का है अन्दाज़-ए-बयां और'*

ग़ालिब साहब आपने अपने 72 साला जीवन में शोहरत भी ख़ूब कमाई और बदनामियाँ भी कमाईं। शहर भर में शराबी-कबाबी मशहूर हुए। क़िमारबाज़ी यानी जुए के इल्ज़ाम में दो बार पकड़े गए और सज़ा भी पाई। एक अंग्रेज़ शराब फ़रोश से शराब उधार ले-लेकर पीते रहे और दाम न चुकाने पर फिर जेल की हवा खाई। इन बदनामियों के बारे में आपका क्या कहना है?

मिर्ज़ा ग़ालिब : नेकनाम या बदनाम होना मेरे नज़दीक एक ही सिक्के के दो पहलू हैं। मैं पहले ही कह चुका हूँ कि—

ग़ालिब बुरा ना मान, जो वाइज़ बुरा कहे
ऐसा भी कोई है कि सब अच्छा कहें जिसे

एंकर चार : आपको इस दुनिया से कूच किए हुए या मरे

हुए तक़रीबन डेढ़ सौ बरस हो रहे हैं। इस अर्से में...

मिर्ज़ा ग़ालिब : *(बात काटते हुए)* कूच किसने किया? मैं तो पहले भी यहीं था और अब भी यहीं हूँ। बरख़ुरदार तुम मुझे मरे हुए कह रहे हो। मरते तो वो हैं जो अपनी ज़िन्दगी में कोई अहम काम नहीं करते। मैंने अपने दौर की सच्चाइयाँ क़लमबन्द करने का काम किया है। उसी के बल पर मैं पहले भी ज़िन्दा था और आज भी ज़िन्दा हूँ।

एंकर दो : आपने तो शायराना बातें शुरू कर दीं।

मिर्ज़ा ग़ालिब : शायर हूँ। शायराना बातें क्यों न करूँ?

लेडी एंकर : ज़रूर कीजिए। लेकिन हंड्रेड परसेंट सच।

मिर्ज़ा ग़ालिब : *सादिक़ हूँ अपने क़ौल में ग़ालिब ख़ुदा गवाह*
सच कहता हूँ कि झूठ की आदत नहीं मुझे

एंकर चार : आपका ये दावा सरासर ग़लत है। दुनिया जानती है कि आप मर चुके हैं। बस्ती हज़रत निज़ामुद्दीन में आपकी क़ब्र भी मौजूद है। और आप फ़रमा रहे हैं कि मैं मरा नहीं, ज़िन्दा हूँ। यह झूठ नहीं तो क्या है?

मिर्ज़ा ग़ालिब : यह सच है। लिहाज़ा सच ही मानो। सुनो बरख़ुरदार...फ़रवरी...सन् 1869 को मेरे जिस्म की मौत हो गई थी। लोगों ने मेरे मुर्दा जिस्म को क़ब्र में दफ़्न कर दिया। लेकिन ग़ालिब वो जिस्म नहीं था। उसमें मौजूद रूह थी। जो मैं हूँ। लेकिन मेरे नाम और कामों को दफ़्न

करना मुमकिन न था। वे दिन-ब-दिन दुनिया भर में फैलते चले गए। और उनकी बदौलत आज तक मेरा नाम भी ज़िन्दा है। तुम ख़ुद बताओ कि—*ऐसा भी कोई है कि जो ग़ालिब को न जाने*

एंकर तीन : *शाइर तो वो अच्छा प बदनाम बहुत है।*

लेडी एंकर : ये बात भी आप ही ने कही है, और हंड्रेड परसेंट सच कही है। ये भी सच है कि आप एक मुसलमान घराने में पैदा हुए। लेकिन आप ख़ुद को आधा मुसलमान कहते थे। हम सच जानना चाहते हैं कि आपका मज़हब क्या है?

मिर्ज़ा ग़ालिब : देखिए, कोई आदमी किस मुल्क में पैदा हो, किस ख़ानदान और तबके में पैदा हो, किस मज़हब के मानने वाले घराने में पैदा हो...इन सारी चीज़ों में उसकी अपनी मर्ज़ी का दख़ल नहीं होता...मैं सच बोलता हूँ। झूठ की आदत नहीं। फिर भी क़ुरआन की क़सम, इंजील की क़सम, चारों वेद की क़सम, गुरुग्रंथ की क़सम...मैं इंसानियत को सारे मज़हबों की बुनियाद समझता हूँ, और तमाम इंसानों को चाहे वो किसी भी मज़हब के मानने वाले हों, अपना भाई समझता हूँ। दूसरे समझें या न समझें।

एंकर तीन : आपकी ज़िन्दगी के हालात पढ़ने वालों के सामने बार-बार पेंशन और पेंशन के मुक़दमे

का ज़िक्र मिलता है। इस मुक़दमे के सिलसिले में आपने कलकत्ता तक का सफ़र किया था। और वहाँ गवर्नर जनरल से भी मिले थे। आख़िर ये क्या मामला था?

मिर्ज़ा ग़ालिब : मेरे चचा आगरा में रिसालदार थे। सरकार की तरफ़ से उन्हें दो गाँव जागीर में मिले हुए थे। उनके इन्तिक़ाल के बाद सरकार ने जागीर ज़ब्त कर ली। उसके बदले चचा के वारिसों के लिए ख़ानदानी पेंशन मुक़र्रर कर दी। ये पेंशन नवाब अहमद बख़्श ख़ाँ की जागीर से दिए जाने का हुक्म दिया गया था। नवाब साहब ने हमारे साथ नाइंसाफ़ी ये की कि पहले तो एक जाली हुक्मनामा बनवाकर पेंशन की रक़म आधी कर दी और फिर उसमें भी एक ऐसे शख़्स को पेंशन का सबसे बड़ा हिस्सेदार बना दिया, जो हमारा रिश्तेदार नहीं था। पेंशन का यही मुक़दमा मैंने कलकत्ता जाकर गवर्नर जनरल के सामने पेश किया था।

लेडी एंकर : तो क्या आपको वहाँ इंसाफ़ मिल गया?

मिर्ज़ा ग़ालिब : नहीं। मैं बरसों तक कोशिश करता रहा। लेकिन मुझे इंसाफ़ नहीं मिला, जिसकी वजह से मेरी और मेरे ख़ानदान वालों की सारी ज़िन्दगी मुसीबतों और परेशानियों में गुज़री।

एंकर एक : अंग्रेज़ी सरकार ने आपके साथ इंसाफ़ नहीं किया। इसके बावजूद आप फ़िरंगी अफ़सरों के क़सीदे लिखते रहे, उनकी तारीफ़ें करते रहे?

मिर्ज़ा ग़ालिब : आप वो क़सीदे पढ़कर देखें। मैंने उनमें झूठी तारीफ़ें नहीं की हैं। उनकी ख़ुशामदें भी नहीं की हैं। बल्कि उन क़सीदों को अपने हालात बयान करने का ज़रिया बनाया है।

एंकर दो : ग़ालिब साहब फ़िरंगी सरकार से आपको इंसाफ़ नहीं मिला, लेकिन मुआफ़ कीजिए आपने भी तो अपनी बीवी उमराव बेगम के साथ इंसाफ़ नहीं किया? एक नवाबज़ादी से शादी करके उसे अपनी तंगदस्ती और परेशानियों की शरीक बना लिया।

मिर्ज़ा ग़ालिब : उमराव बेगम मेरी शरीक-ए-हयात थीं और उन्होंने सारी ज़िन्दगी मेरे साथ ही गुज़ारी। ये ठीक है कि शराबी होने की वजह से उन्होंने मेरे खाने-पीने के बर्तन अलग कर दिए थे, लेकिन हम दोनों के दिलों में मुहब्बत हमेशा क़ायम रही।

लेडी एंकर : फिर भी वो आपके साथ सारी ज़िन्दगी ख़ुश तो नहीं रहीं ना?

मिर्ज़ा ग़ालिब : सारी ज़िन्दगी मैं ख़ुद कहाँ ख़ुश रहा?आप ये बताइए कि सारी जिन्दगी कौन ख़ुश रह सकता है? उमराव बेगम हर सुख और दुख में आख़िर उम्र तक मेरी बराबर की शरीक रहीं।

एंकर तीन : लेकिन आप जब ग़ज़लें सुनने के बहाने तवाइफ़ के कोठे पर जाने लगे तो क्या कभी ये भी सोचते थे कि उस बेचारी के दिल पर क्या गुज़रती होगी?

मिर्ज़ा ग़ालिब : किसी भी तवाइफ़ या उसके कोठे से ज़िन्दगी भर मेरा कोई ताल्लुक़ नहीं रहा।

लेडी एंकर : तो फिर वो कौन थी जो आपकी ग़ज़लें गाया करती थी और आपसे मोहब्बत करती थी?

मिर्ज़ा ग़ालिब : ओह...तुम शायद उस डोमिनी की बात कर रही हो, जो एक मिरासन थी, जिसे अमीरों के घरों में शादियों वग़ैरह की तक़रीब में गाने के लिए बुलाया जाता था। उसने अच्छा गला पाया था। शक्ल भी अच्छी थी। मेरी ग़ज़लें भी गाया करती थी। इसलिए मुझे पसन्द थी...लेकिन ये मेरी जवानी के चन्द दिनों की बात है। बेचारी बहुत जल्द मर गई।

एंकर एक : तो हम सबने फ़िल्म मिर्ज़ा ग़ालिब और टीवी सीरियलों में इस ताल्लुक़ से जो कुछ देखा क्या वो ग़लत है?

मिर्ज़ा ग़ालिब : आपने जो देखा वो आप ही जानें। मुझसे क्यों पूछते हैं?

एंकर तीन : लेकिन हुजूर, बनारस में किसी हसीना से आपकी आँख लड़ गई थी और आप अपना घर-बार और दीन-ओ-मज़हब छोड़कर सारी उम्र वहीं रहने की सोचने लगे थे। यह तो झूठ नहीं?

मिर्ज़ा ग़ालिब : शायद आपको ये ग़लतफ़हमी मेरे एक फ़ारसी शेर की वजह से हुई होगी। लेकिन अज़ीज़म शाइर हुस्न-परस्त होता है। वो अपने शेरों में गुल का ज़िक्र करता है। बुलबुल का ज़िक्र करता

है। इसी तरह किसी हसीना का ज़िक्र भी कर सकता है।

एंकर चार : जब आपकी आमदनी बहुत कम थी तो बड़ी-बड़ी हवेलियों में किराये पर रहना, घर में ज़रूरत से ज़्यादा नौकर-चाकर रखना, रोज़ाना महँगी अंग्रेज़ी शराब पीना, घोड़े-पालकी के बग़ैर घर से बाहर न जाना, आप ये सब क्यों करते रहे?

मिर्ज़ा ग़ालिब : मैं अपने ननिहाल और ददिहाल दोनों तरफ़ से ख़ानदानी रईस था। इसी तरीक़े पर ज़िन्दगी गुज़ारता रहा। ये मेरे ख़ानदान और घर की रिवायत थी। समाजी तक़ाज़े थे। हमारी आदतें थीं। उन्हें ख़त्म कर देना हमारी शान के ख़िलाफ़ था।

एंकर दो : ग़ालिब साहब इल्ज़ाम है कि आपने 1857 की जंग में इंक़लाबियों के साथ लड़ने की बजाय 'दस्तम्बू' लिखकर फ़िरंगियों की तरफ़दारी की। क्या ये मुग़लिया हुकूमत के साथ आपकी ग़द्दारी नहीं थी?

मिर्ज़ा ग़ालिब : इल्ज़ाम देने से पहले ज़रा ये भी सोचें कि 1857 में मेरी उम्र और जिस्मानी हालत क्या थी? जब वो हंगामा शुरू हुआ मैंने भी जान के ख़ौफ़ से अपने घर के दरवाज़े बन्द कर लिए और बाहर निकलना बिलकुल बन्द कर दिया। ऐसे हालात में जब वक़्त गुज़ारना मुश्किल हो गया तो क़लम उठाकर 'दस्तम्बू' लिखनी

शुरू कर दी।

एंकर तीन : लेकिन आपने उसमें जो कुछ लिखा वो बाग़ियों के ख़िलाफ़ और फ़िरंगियों की हिमायत में मालूम होता है। जबकि आप सच बोलने का दावा करते रहे हैं?

एंकर चार : अपने ख़िताब और पेंशन को बचाने के लिए दस्तम्बू में आपने इंक़लाबियों से अपनी बेताल्लुक़ी का इज़हार किया है?

लेडी एंकर : फ़िरंगियों की ख़ुशामदें की हैं और 1857 की जंग-ए-आज़ादी के सारे हालात को फ़िरंगियों की नज़र से पेश किया है...जो कि शर्मनाक बात है।

मिर्ज़ा ग़ालिब : सुनिए...वो किताब मैंने अपने सिर पर लटकती हुई तलवार के साये में बैठकर लिखी थी। उसमें ये भी लिख दिया था कि जो हालात मैंने लिखे हैं वो दिल दुखाने वाले हैं लेकिन जो नहीं लिख सका वो भी रूह को ज़ख़्मी कर देने वाले हैं। मुझ पर उँगली उठाने वालों को यह भी तो देखना चाहिए।

लेडी एंकर : तो क्या इस मामले में आप पर उँगली उठाने वाले ग़लत हैं?

मिर्ज़ा ग़ालिब : बात यह है कि उस ज़माने में अंग्रेज़ी हुकूमत पर ज़रा-सी नुक्ताचीनी करना भी मौत को दावत देने से कम न था। मैंने ऐसे हालात में किया ये कि अंग्रेज़ों के ज़ाविया-ए-नज़र से सारे हालात लिख डाले, जो बज़ाहिर बाग़ियों के ख़िलाफ़

मालूम होते हैं लेकिन बिलकुल सच हैं। इसके अलावा मैंने अपने दोस्तों, अज़ीज़ों के नाम जो ख़त लिखे, उनमें भी बिलकुल सही हालात बयान किए हैं। मैं जानता था कि लोग मेरे ख़तों को सँभालकर रखते हैं और मेरे मरने के बाद वो सब छापे जाएँगे। उनकी मौजूदगी में मुझ पर कोई इल्ज़ाम लगाना ग़लत है।

एंकर एक : ग़ालिब साहब बुनियादी तौर पर आप शाइर है। 1857 के हालात आपने अपनी शाइरी में पेश क्यों नहीं किए?

मिर्ज़ा ग़ालिब : ज़रा सोचिए तो ऐसे हालात में कोई शाइरी कैसे कर सकता था? मैंने दस्तम्बू और अपने ख़तों में ज़ो कुछ लिखा क्या वो कम है?

एंकर एक : कम न सही...लेकिन शाइरी में भी कुछ ज़रूर होना चाहिए था।

मिर्ज़ा ग़ालिब : ख़ैर इतना तो लिखा ही है। देहली पर अंग्रेज़ों का क़ब्ज़ा हो जाने के बाद जब नए-नए क़ानून नाफ़िज़ किए जा रहे थे तो मैंने लिखा था—

रोज़ इस शहर में इक हुक्म नया होता है
कुछ समझ में नहीं आता कि ये क्या होता है।

ज़रा इस शेर के मानी पर ग़ौर कीजिए। और हाँ मैंने एक क़तअ भी लिखा था, जिसमें उस दौर के हालात की सच्चाइयाँ पेश की थीं।

एंकर चार : ग़ालिब साहब आप हमारे प्रोग्राम 'सवालों के शिकंजे में' तशरीफ़ लाए और हमारे सवालों के

जवाब दिए, इसके लिए हम आपके शुक्रगुज़ार हैं। *(सब लोग अपनी जगह से उठ जाते हैं और मिर्ज़ा ग़ालिब के साथ जाने लगते हैं। इतने में एक कैमरामैन एक एंकर को रुकने का इशारा करता है। वो रुक जाता है। बाक़ी सब चले जाते हैं।)*

एंकर : क्यों? क्या बात है?

कैमरामैन : *(घबराए हुए अन्दाज़ में उस तरफ़ देखते हुए जिधर सब चले गए थे)* साहब बड़ा ग़ज़ब हो गया। शूटिंग करते हुए मेरे तो हाथ-पैर फूल रहे थे।

एंकर : *(हैरान होकर)* क्यों?

कैमरामैन : वो मिर्ज़ा ग़ालिब आदमी नहीं उनका भूत है। हम जो भी शूट कर रहे थे वो चन्द लम्हों बाद ख़ुद-ब-ख़ुद डिलीट हो जाता था।

एंकर : *(हैरान होकर)* क्या मतलब?

कैमरामैन : मतलब ये कि इतनी देर तक जो शूटिंग हुई है, उसमें सवाल करने वाले एंकर्स तो मौजूद हैं, लेकिन वो मिर्ज़ा ग़ालिब और उनकी आवाज़ बिलकुल नहीं है।

एंकर : ऐसा कैसे हो सकता है?

कैमरामैन : सच कह रहा हूँ सर। ऐसा ही हुआ है। आप ख़ुद रिकॉर्डिंग देख लीजिए।

एंकर : अगर ऐसा था तो इतनी देर तक शूटिंग करने की क्या ज़रूरत थी? हमें बताकर वहीं शूटिंग रोक देनी थी?

कैमरामैन : सर वो भूत-प्रेत है। हमें डर लग रहा था कि कहीं कुछ अशुभ न हो जाए। इसलिए हम चुपचाप अपना काम करते रहे और अब आपको बता रहे हैं।

[धीरे-धीरे अँधेरा हो जाता है।]

ग्यारहवाँ दृश्य

[ख़ुफ़िया पुलिस का दफ़्तर। ऑफ़िसर अपनी कुर्सी पर बैठा है। दोनों मातहत बदहवासी के आलम में आते हैं और उसके सामने खड़े हो जाते हैं।]

ऑफ़िसर : क्या बात है? इतने बदहवास क्यों नज़र आ रहे हो?

मातहत एक : सर...वो...वो सन्दिग्ध बूढ़ा...इंसान नहीं है...

ऑफ़िसर : *(माथे पर बल डालकर)* क्या मतलब?

मातहत दो : सर वो इंसान नहीं...भूत-प्रेत मालूम होता है।

ऑफ़िसर : *(कुछ ग़ुस्से में)* क्या बक रहे हो?

मातहत दो : सच कह रहे हैं सर। कल टीवी वालों ने उसके साथ जो प्रोग्राम रिकॉर्ड किया था, वो टेलीकास्ट नहीं हो सका।

ऑफ़िसर : क्यों?

मातहत दो : प्रोग्राम की रिकॉर्डिंग कर लेने के बाद उनके होश उड़ गए।

ऑफ़िसर : ऐसा क्या हुआ?

मातहत एक : सर स्क्रीन पर न तो वो बूढ़ा दिखाई दे रहा था, और न ही उसकी आवाज़ सुनाई दे रही थी, जबकि पूरा स्टूडियो और बाकी सभी लोग नज़र आ रहे थे।

मातहत दो : उससे सवाल करते हुए चारों एंकर्स तो दिखाई देते थे। उनकी आवाज़ें भी सुनाई देती थीं, लेकिन वो बूढ़ा कहीं नज़र न आता था और न ही उसकी आवाज़ सुनाई देती थी। टीवी वाले बेहद परेशान हैं।

ऑफ़िसर : *(चन्द लम्हे उनकी तरफ़ देखते रहने के बाद)* मुझे तो उसी वक़्त शक हो गया था जब तुम लोगों ने होटल मेज़बान और दूसरी जगहों पर लगे हुए सीसीटीवी कैमरों के फुटेज़ देखने के बाद मुझे रिपोर्ट दी थी कि वो शख़्स उनमें नज़र नहीं आ रहा है, जबकि दूसरे लोग दिखाई दे रहे हैं। *(कुछ सोचते हुए)* लेकिन इस वक़्त वो बूढ़ा कहाँ है?

मातहत दो : सर वो पुलिस कस्टडी में है।

मातहत एक : आपके आदेशानुसार हमने उसे रात को ही गिरफ़्तार कर लिया था।

ऑफ़िसर : ये बात मीडिया वालों को तो नहीं मालूम हुई न?

मातहत दो : नहीं सर। टीवी स्टूडियो से जाते हुए एक सुनसान जगह पर टैक्सी रुकवाकर हमने उसे पकड़ लिया।

ऑफ़िसर : और कौन था उसके साथ?

मातहत एक : सर, वही प्रोफ़ेसर लड़की और कश्मीरी लड़का।

ऑफ़िसर : फिर तो ये ख़बर हर तरफ़ फैल जाएगी।

मातहत दो : नहीं फैलेगी सर। हम उस वक़्त वर्दी में नहीं थे। उन्होंने पुलिस में एफआईआर दर्ज कराई है कि कुछ नामालूम लोगों ने हमारे बुज़ुर्ग का अपहरण कर लिया है।

ऑफ़िसर : शाबाश।

मातहत एक : *(झिझकते हुए)* लेकिन सर...*(ख़ामोश हो जाता है)*

ऑफ़िसर : बोलो, क्या बात है?

मातहत एक : अब हमें उससे डर लग रहा है। सर वो आदमी नहीं...जिन-भूत वग़ैरह जैसा कोई जीव है।

ऑफ़िसर : नॉनसेंस...तुम इक्कीसवीं सदी में जी रहे हो। पढ़े-लिखे आदमी हो और पुराने ज़माने के जाहिलों जैसी बातें कर रहे हो। भूत-प्रेत वग़ैरह कुछ नहीं होते। बेकार की बातें हैं ये सब।

मातहत दो : लेकिन सर...

ऑफ़िसर : *(अनसुनी करते हुए)* मैंने किसी अंग्रेज़ी फ़िल्मों में एक आदमी को देखा था, जो अपने चेहरे और जिस्म पर ऐसा कोई कैमिकल लगा लेता था, जिसकी वजह से वो कैमरे में नज़र नहीं आता था। फिर भी वो पुलिस की आँखों से नहीं बच सका था।

दोनों मातहत : यस सर।

ऑफ़िसर : वो बूढ़ा हमारी कस्टडी में है। मैंने स्किन एक्सपर्ट को बुलवाया है। उसके टेस्ट करवाएँगे तो सारी असलियत सामने आ जाएगी। *(अपनी कुर्सी से उठते हुए)* कहाँ बन्द किया है उसे?... चलो मैं भी देखता हूँ।

[धीरे-धीरे अँधेरा हो जाता है।]

बारहवाँ दृश्य

[मिर्ज़ा ग़ालिब हवालात में सलाख़ों के पीछे खड़े हैं। पुलिस ऑफ़िसर अपने मातहतों के साथ बाहर खड़ा उनसे पूछताछ कर रहा है।]

ऑफ़िसर : *(सख़्त लहजे में)* बहुत हो चुका तुम्हारा यह नाटक। इतने दिनों से मिर्ज़ा ग़ालिब का भेस बनाकर तुम लोगों को बेवकूफ़ बनाते फिर रहे हो। मेरे सामने तुम्हारी ये चाल नहीं चलेगी। सच बताओ कौन हो तुम? *(सलाख़ों पर ज़ोर से डंडा मारता है।)*

ग़ालिब : *बनाकर फ़क़ीरों का हम भेस ग़ालिब*
तमाशा-ए-अहल-ए-करम देखते हैं

ऑफ़िसर : *(अनसुनी करते हुए सलाखों पर दोबारा डंडा मारता है)* ...यहाँ शाइरी नहीं चलेगी...ख़ैर, चाहते हो तो सच-सच बता दो।

ग़ालिब : हवालात मेरे लिए नई चीज़ नहीं है। अब से

पहले भी आ चुका हूँ। लेकिन अपने किए हुए गुनाह की वजह से। तुमने तो मुझे बेगुनाह क़ैद कर रखा है।

ऑफ़िसर : ज़्यादा ज़बान न चलाओ। जो पूछा जाए बस उसी का जवाब दो। बताओ कौन हो तुम? *(सलाख़ों पर फिर डंडा मारता है।)*

ग़ालिब : मिर्ज़ा असदउल्ला बेग़ ख़ाँ ग़ालिब।

ऑफ़िसर : *(सख़्त लहजे में)* ये तो उस शख़्स का नाम है जिसका भेस बनाए तुम कई दिनों से शहर में घूम रहे हो।

ग़ालिब : इस भेस के अन्दर जो भी रूह और जिस्म है वो भी मैं ही हूँ यानी मिर्ज़ा ग़ालिब।

ऑफ़िसर : *(ज़्यादा सख़्त लहजे में)* आँखों में धूल झोंकने की कोशिश न करो। भूलो मत कि इस वक़्त तुम हिरासत में हो। अगर सही-सही नहीं बताओगे तो हंटर मार-मारकर तुम्हारी चमड़ी उधेड़ डालूँगा।

ग़ालिब : *(नाराज़गी के आलम में)* ज़रा तमीज़ से बात करो। तुम्हें मालूम है कि तुम किससे बात कर रहे हो?

ऑफ़िसर : ख़ुद को तुर्रमख़ाँ न समझो। यहाँ सलाख़ों के पीछे जो भी होता है वो मुजरिम होता है।

ग़ालिब : यहाँ से तो सलाख़ों के पीछे मुझे तुम नज़र आ रहे हो।

ऑफ़िसर : *(ग़ुस्से में सलाख़ों पर डंडा मारकर)* ख़ामोश... *(फिर कुछ क़रीब जाकर सख़्त लहजे में)*

हमें पता है कि तुम इंटरनेशनल टेरेरिस्ट ऑर्गनाइजेशन से सम्बन्ध रखते हो। हमारे दुश्मन देश में ट्रेनिंग लेने के बाद किसी टेरेरिस्ट अटैक के लिए यहाँ भेजे गए हो। तुम ये बात क़ुबूल नहीं करोगे तो हम टॉर्चर कर-करके तुम्हें...

मिर्ज़ा ग़ालिब : क्या कह रहे हो? मैं समझा नहीं...

[यकायक ऑफिस अपने मोबाइल की कॉल ट्यून सुनकर मोबाइल कान से लगाकर वहाँ से दूर चला जाता है।]

ऑफ़िसर : हाँ हाँ...हाँ हाँ...मैं सुन रहा हूँ...बोलो...क्या कहा...पुलिस ने विष्णु प्रसाद और उसके बेटे का बयान ले लिया है...हाँ हाँ...होटल मेज़बान में ये लोग प्लांचेट द्वारा कबीर की आत्मा को बुलाने की कोशिश कर रहे थे...लेकिन ये तो ख़ुद को मिर्ज़ा ग़ालिब कहता है...ऐं...क्या कहा...ग़लती से कबीर की बजाय ग़ालिब की आत्मा आ गई...यानी वो बूढ़ा आदमी नहीं बल्कि ग़ालिब की आत्मा है...ओ माई गॉड... *(मोबाइल ऑफ़ करके जेब में रख लेता है फिर पलटकर देखता है। कुछ लम्हें सोचता रहता है। और फिर वहीं आ जाता है जहाँ मिर्ज़ा ग़ालिब सलाख़ों के पीछे खड़े हैं।)*

ऑफ़िसर : *(नरम लहजे में)* देखिए, हम पुलिसवाले अपनी आदत से मजबूर हैं।

ग़ालिब : नई बात नहीं। हर शख़्स अपनी आदत का ग़ुलाम होता है। लेकिन ये बताओ कि तुम्हारे लहजे में एकदम नरमी कैसे आ गई? मुझे लग रहा है—

बे-ख़ुदी बे-सबब नहीं ग़ालिब,
कुछ तो है जिसकी पर्दादारी है

ऑफ़िसर : दरअसल, अभी-अभी मुझे अपने आला अफ़सर का फ़ोन आया है। उन्होंने हिदायत की है कि हवालात में ग़ालिब साहब का ख़ास ख़याल रखा जाए। उनके साथ अच्छा सुलूक़ किया जाए।

मिर्ज़ा ग़ालिब : अच्छा, तो ये बात है!

ऑफ़िसर : लेकिन मुझे ख़ानापूरी के लिए यानी अपनी रिपोर्ट लिखने के लिए आपसे कुछ सवाल तो पूछने ही होंगे।

मिर्ज़ा ग़ालिब : तो पूछिए।

ऑफ़िसर : पहला सवाल यही है कि आप कौन हैं?

मिर्ज़ा ग़ालिब : मेरा जवाब वही है—मिर्ज़ा असदउल्लाह बेग़ ख़ाँ ग़ालिब।

ऑफ़िसर : आपका ऑक्यूपेशन?

मिर्ज़ा ग़ालिब : क्या मतलब?

ऑफ़िसर : आप क्या काम करते हैं?

मिर्ज़ा ग़ालिब : शाइरी करता हूँ। मैं हर दौर में शाइर पैदा हुआ और हर दौर में शाइरी ही करता रहा। शायद तुम नहीं जानते कि ज़मानों पहले जिस शख़्स

ने एक परिन्दे को तीर खाकर ज़मीन पर गिरकर तपड़ते देखा था और उसके दर्द को महसूस करके शाइरी को जन्म दिया था, वो मैं ही था। फिर कालिदास और भर्तृहरि भी मैं ही था। शाह लतीफ़ और अमीर ख़ुसरो भी मैं ही था...सुन रहे हो ना?...

ऑफ़िसर : हाँ, सुन रहा हूँ। लेकिन एक ज़िन्दगी में इतनी सारी ज़िन्दगियाँ...

मिर्ज़ा ग़ालिब : नहीं। इतनी सारी ज़िन्दगियों में सिर्फ़ एक ज़िन्दगी। शाइर की ज़िन्दगी। शाइर जो ज़िन्दगी का नक़ीब होता है जो इंसानियत का ज़मीर होता है।

ऑफ़िसर : *(कुछ सोचते हुए)* तो कैसी लगी आपको ये ज़िन्दगी?

मिर्ज़ा ग़ालिब : मैंने जब भी ज़िन्दगी के बारे में सोचा वो मुझे ख़्वाब जैसी लगी। कई बार यूँ भी हुआ कि ख़्वाब से जागने के बाद मुझे ऐसा महसूस हुआ जैसे मैं अब भी ख़्वाब ही में हूँ। इसीलिए मैंने हस्ती को फरेब कहा है—

हाँ खाइयो मत फ़रेब-ए-हस्ती
हर चन्द कहें कि है नहीं है

सूफ़ी लोग कायनात को समन्दर और ख़ुद को क़तरा समझते हैं। लेकिन मेरे नज़दीक यह तसव्वुर ग़लत है। क्योंकि क़तरा तो समन्दर से अलग होता है...मैं सोचता हूँ कि कोई भी

कायनात से अलग नहीं हो सकता। हम सब कायनात के समन्दर की लहरें हैं, जो उसी से पैदा होते हैं। उसी में रहते हैं और कभी फ़ना नहीं होते।

[अचानक तेज़ रोशनी के साथ बिजली के कड़कने की आवाज़ आती है और फिर अँधेरा घुप्प हो जाता है। अँधेरे में आवाज़ें गूँजती हैं। हर चन्द कहें कि है नहीं है... हर चन्द कहें कि है नहीं है...फिर रोशनी आ जाती है। ऑफ़िसर अपने मातहतों के साथ हैरान-परेशान खड़ा नज़र आता है। लेकिन सलाख़ों के पीछे कोई नहीं है। ऑफ़िसर और मातहत हैरान होकर आँखें फाड़े पहले सलाख़ों की तरफ़ और फिर एक-दूसरे की तरफ़ देखते हैं। धीरे-धीरे अँधेरा हो जाता है। अँधेरे में ग़ालिब का शेर गूँजता सुनाई देता है।]

हस्ती के मत फ़रेब में आ जाइयो असद
आलम तमाम हल्क़ा-ए-दाम-ए-ख़याल है